Hauke Burgarth

Von Freundschaft, Freaks und Fragezeichen

Hauke Burgarth

VON FREUNDSCHAFT, FREAKS UND FRAGEZEICHEN

Überraschend Aktuelles aus der Bibel

neukirchener

Inhalt

Alltäglich

Alltäglich

Wer in seiner Bibel nur Heilige findet, der hat noch nicht hineingeschaut. Tatsächlich ist das Personal darin erfrischend lebendig und erschreckend normal. Trotzdem begegnen sich in ihren Geschichten Himmel und Erde. Und Menschen spüren, dass auch sie in diesen biografischen Erzählungen vorkommen und Raum darin haben, weil sie dem eigenen Leben und Erleben irgendwie ähneln. Sie finden darin Hilfe, Trost und Orientierung.

Durch den zeitlichen Abstand wird das allerdings weniger. Manche Handlungen und Haltungen sind heute erklärungsbedürftig, andere kaum mehr nachvollziehbar. Unsere Lebenswelt unterscheidet sich krass von der damaligen, von den Menschen, die zur Zeit von Jesus leben – und erst recht von denen, die im ersten Teil der Bibel vorkommen.

Willst du ihnen trotzdem begegnen? Eine Möglichkeit, das zu tun, ist, dass du diese alten Geschichten liest und versuchst, sie anschließend auf dein eigenes Leben anzuwenden. Ein paar Hintergrundinformationen sind hierbei wertvoll und du kommst damit zu hilfreichen Ergebnissen. Viele gehen so vor und es funktioniert. Das Problem dabei ist, dass manchen Storys dadurch die Echtheit und das Leben fehlt. Ein altisraelischer König bleibt dabei seltsam blutleer oder noch schlimmer: Er wirkt nur noch blutrünstig. Permanent bist du dabei zu überlegen, was an einer Geschichte für heute und für dich Relevanz hat. Darüber dann auch noch mit anderen ins Gespräch zu kommen, ist erst recht nicht so einfach …

Ich versuche es deshalb einmal andersherum: Ich lasse die Bibeltexte Geschichten bleiben und hole sie samt ihrer Personen in die Gegenwart. Da ist einiges ausgeschmückt und manches weggelassen. Geschenkt. Aber die Männer und Frauen der Bibel fangen wieder an zu atmen, wenn sie ihren alten Herausforderungen in unserer heutigen Zeit begegnen – genauso wie du.

Die kurzen Begegnungen mit bekannten und weniger bekannten Personen aus der Bibel sind kein Ersatz fürs Original. Sie können maximal eine Brücke dorthin bauen. Deshalb sind sie auch nie „auserzählt" und am Ende jedes Abschnitts steht ein Textverweis auf die ursprüngliche und vollständige Geschichte zum Weiterlesen, Überlegen und Diskutieren. Du kannst die Kapitel allein für dich betrachten, dich darüber freuen, ärgern und nachdenken. Noch besser ist es, wenn du sie mit Freunden und Bekannten zusammen besprichst, vielleicht in einer Kleingruppe deiner Kirche oder Gemeinde. So entfalten die Storys eine ganz eigene Dynamik.

Am Ende jedes Kapitels stehen ein paar Fragen, die dir oder euch als Gruppe dabei helfen können, tiefer einzusteigen und miteinander ins Gespräch zu kommen. Im Anhang kannst du außerdem nachschauen, wo welche Person oder ein bestimmtes Thema vorkommt.

Und jetzt lass dich überraschen von den Normalos und Held:innen der Bibel, wenn sie in deiner Nachbarschaft unterwegs sind. Höre ihnen zu, wenn sie von Freundschaft, Freaks und Fragezeichen erzählen.

Ich wünsche dir inspirierende Begegnungen
Hauke

Funkstille

Funkstille

„Was hast du gesagt?“ Ärgerlich schaut er seine Frau an. „Eine Weihnachtskarte? Für meinen Bruder?“ Sein gedachtes „Nein“ steht dröhnend im Raum, dann zuckt er die Schultern und sieht sie fast verlegen an: „Du weißt, wir reden schon ewig nicht mehr miteinander.“ Gleichzeitig überlegt er: Muss das eigentlich so bleiben?

Erst ist es nur ein kurzer Gedanke. Doch er wird ihn nicht mehr los: Seit diesem Jahr bin ich im Ruhestand. Mir geht es gut. Ich habe alles. Meine Familie ist ein wunderschönes Geschenk. Und jetzt habe ich auch noch mehr Zeit, um mich in der Kirche zu engagieren. Die war mir immer wichtiger als …

Schon wieder sein Bruder. Sie waren fast gleichaltrig, aber doch wie Feuer und Wasser. Klar hatten sie auch gute Zeiten miteinander erlebt, aber er erinnert sich hauptsächlich an Konkurrenz, Missverständnisse und Streit. Sein Glaube an Gott, den er schon früh für sich entdeckte, erschien dem Bruder immer verdächtig. Nicht, dass der nicht geglaubt hätte, aber irgendwie anders: lauter, aktiver, selbstbewusster.

Und irgendwann verkrachten sie sich endgültig. Eigentlich waren sie schon daheim ausgezogen, aber als Vater im Sterben lag, kamen sie beide. Kaum war er tot, ging der Streit erst so richtig los. Die alten Probleme brachen wieder auf – und neue wegen des Erbes kamen dazu.

Ich fühle die Angst von damals noch, denkt er erschreckt. Denn ehrlich verhielt er sich beim Teilen der väterlichen Hinterlassenschaft nicht. Und so ging er seinerzeit, ohne einen einzigen Blick zurückzutun. Zweiunddreißig Jahre alt war er damals. Und zweiunddreißig Jahre ist das jetzt her. Sein halbes Leben … Ganz langsam greift er zu seinem Handy. Er hat die Nummer seines Bruders, irgendwann hat er sie einmal herausgesucht. Natürlich hat er sie nie angerufen, aber vielleicht schreibt er ihm einfach eine SMS?

„Hallo. Ich bin's. Was meinst du, könnten wir uns mal treffen?"

Absenden.

Er ärgert sich plötzlich, dass er die Nachricht sofort abgeschickt hat. Wieso hat er nicht gründlicher überlegt? Was, wenn sein Bruder nie antwortet? Oder noch schlimmer: Wenn er es tut?

Kling!

„Ja, einverstanden. Wann und wo?"

Irgendwie sind wir beide nicht so die Meister der Worte, denkt er. Aber er freut sich über die Antwort. Er schlägt ein gutes Restaurant auf halbem Weg zwischen ihren Wohnorten vor. „Bis morgen dann." – „Bis morgen."

Seine Frau lächelt so fröhlich, wie er es schon lange nicht mehr gesehen hat. Und er? Bekommt abends keinen Bissen herunter. Und als er sich nach dem Fernsehkrimi ins Bett legt, halten ihn die Gedanken wach: Er will mich gar nicht sehen. Er will sich rächen. Für damals. Wie konnte ich nur so dumm sein!

Er wälzt sich die ganze Nacht hin und her. Als er morgens schweißgebadet aufsteht, verdreht er sich auch noch den Fuß. Ha, denkt er, jetzt hätte ich sogar eine Ausrede, nicht fahren zu müssen. Doch trotz Müdigkeit kann er schon über sich selbst lachen: Wir sind zwei alte Männer. Was sollte er mir antun? Gleich nach dem Frühstück setzt er sich in seinen BMW, gibt die Adresse des Restaurants ins Navi ein und fährt los. Beim Pfeifengeschäft an der Ecke hält er noch einmal kurz. „Haben Sie Trinidad-Havannas?“ Er kauft ein Kistchen der früheren Lieblingszigarren seines Bruders und bezahlt ein kleines Vermögen dafür. Dann stellt er sie auf den Beifahrersitz und fährt weiter.

Verkrampft hält er das Lenkrad fest. Der nächtliche Kampf ist noch nicht ausgekämpft. Mal fragt er sich: Warum habe ich nicht noch ein, zwei Jahre gewartet mit dem Treffen? Dann wieder: Wieso musste erst mein halbes Leben vergehen, damit ich diese Strecke zu ihm fahre? Ich habe mich doch immer für den Frommeren von uns beiden gehalten. Und spricht die Bibel nicht ganz oft von Umkehr, Neuanfang und Versöhnung?

Kurz blitzt der verlorene Sohn vor seinem inneren Auge auf. „Aber meine Situation ist eine völlig andere“, ruft er dem ahnungslosen Golffahrer vor sich zu. Gut, dass der ihn nicht hört. Erst scheint ihm der Weg endlos lang, doch erschreckend schnell ist das Ziel erreicht und er biegt auf den Parkplatz des Restaurants ein. Viertel vor zwölf. Wahrscheinlich bin ich noch vor ihm hier.

Er betritt das Restaurant, hängt seinen Mantel an die Garderobe und macht sich mit den Zigarren unter dem Arm auf den Weg in den Speiseraum. Da durchzuckt ihn der Gedanke: Und wenn er nicht kommt? Wenn ich ihn nicht erkenne? Dann sieht er bereits den älteren Mann, der ein bisschen so aussieht wie er selbst. Der ihn fixiert und dann aufsteht. Der die Arme ausbreitet, lächelt und sagt: „Was bin ich froh, Jakob."

...

Manchmal dauert es erschreckend lange, bis wir realisieren, dass Versöhnung der einzige Ausweg aus dem Teufelskreis von Verletzung, Stolz und Vergeltung ist. Das ist schon in der Urversion dieser Geschichte so, wo sich Jakob und Esau nach 32 Jahren wieder begegnen. Du findest sie in 1. Mose, Kapitel 32–33.

Dein eigener Zugang zur Geschichte:

- Fallen dir ähnliche Situationen aus deinem eigenen Leben ein?
- Woran liegt es wohl, wenn die „guten Gründe", die es einmal für eine Trennung gab, keinen Bestand haben?
- Ist Versöhnung immer möglich? Wann kann es sinnvoll sein, nicht wieder auf andere Personen zuzugehen?
- Was für eine Rolle könnte es spielen, selbst angeschlagen zu sein, wenn du vor einer schweren Begegnung stehst?

Gescheitert?

Gescheitert?

„Hast du schon gehört: Willy ist gestorben.“

„DER Willy?“

„Ja, DER Willy.“

Harald stellt die Tasse ab und schaut Sabine über den Frühstückstisch hinweg an. Sonntag ist ihr gemeinsamer Tag. Da schlafen sie aus, so lange es sie als Frühaufsteher im Bett hält, und gegen acht sitzen sie zusammen im Wintergarten am Tisch. Zwischen ihnen dampft der Kaffee, und die Croissants warten darauf, buttrig im Mund zu zerfallen. Es ist ein schönes Ritual für sie beide. Mal reden sie angeregt über den letzten Besuch bei Susan und Bernd, mal hängen sie ihren eigenen Gedanken nach und schauen dabei in den Urwald hinter ihrem Haus, der da ist, wo die Nachbarn ihren Garten haben, und mal werfen sie sich einfach Wortfetzen und Eindrücke zu. Es ist wie ein Ballspiel. Manche bleiben bald am Boden liegen und werden auch nicht wieder aufgenommen, andere sind eine ganze Weile zwischen ihnen unterwegs. Wie das Reden über Willy.

Sabine schaut nur fragend und Harald sagt: „Ich habe Conny beim Bäcker getroffen. Sie wohnt doch im Haus nebenan. Heute Nacht ist sie vom Rettungswagen wach geworden. Es heißt, dass er einen Herzinfarkt hatte – er hat es nicht geschafft.“

„Wollte er nicht diese Woche sein Begegnungszentrum eröffnen?“

„Ja, nächsten Sonntag.“

„So knapp“, meint Sabine versunken.

Den ganzen Tag über ertappen sich beide dabei, dass ihre Gedanken zu Willy abdriften: Eigentlich ist das unfair. Er hat sich so stark für andere eingesetzt. Was wohl jetzt aus seinem Herzensprojekt wird?

Am Donnerstagnachmittag ist die Trauerfeier in der Kirche des Städtchens angesetzt. „Ich glaube, wir sind nicht die Einzigen, die sich freigenommen haben“, meint Harald auf dem Hinweg. Tatsächlich kommen aus allen Richtungen Menschen angelaufen, und die Kirche ist bis auf den letzten Platz gefüllt. „So viele waren noch nicht mal an Weihnachten hier“, flüstert Sabine. „Tja, das ist Willy“, antwortet ihr Mann, während die Orgel zum Eingangsstück ansetzt.

„Liebe Trauergemeinde“, begrüßt sie Pfarrer Bergmann mit seinem volltönenden Bass, „wir sind heute“ – er holt kurz Luft und betont das nächste Wort – „zahlreich zusammengekommen, um uns von Wilhelm König zu verabschieden.“ Und dann erzählt er von ihrem Willy, was sie alle wissen, und auch das, was die Wenigsten mitbekommen haben. Er spricht von seinen Eltern, die ihn zur Adoption freigeben mussten, von seiner Kindheit und Jugend im Haus einer reichen Unternehmerfamilie. Dort begann er nach seinem Studium mitzuarbeiten und fast wäre er damals in die Firmenleitung gekommen, „wenn es nicht zu diesem dramatischen Zwischenfall gekommen wäre“. Jetzt hören alle zu, denn diesen Teil von Willys Biografie kennen nicht viele.

„Willy geriet in Streit mit einem der Vorarbeiter in der Firma; der Mann war dafür bekannt, dass er seine Mitarbeiter schikanierte. Am Ende des Tages lag er mit einer schweren Gehirnerschütterung im Krankenhaus, und Willy war auf der Flucht. Der Vorarbeiter erzählte etwas von ‚gewalttätig ohne jeden Grund', aber er erstattete nie Anzeige. Jahrzehntelang war Willy in der ganzen Welt unterwegs, hauptsächlich in Afrika. Dort heiratete er und seine Söhne wurden geboren. Früher war er ein echter Hitzkopf – das legte sich im Laufe der Zeit, aber für Gerechtigkeit und andere Menschen setzte er sich immer noch ein."

Dann berichtet Bergmann das, was alle miterlebt haben. Dass Willy irgendwann wieder da ist, sich an vielen Stellen im Ort einbringt und, als immer mehr Geflüchtete aus Afrika und dem Nahen Osten ankommen, lautstark verkündet, etwas tun zu wollen. „Ich war da, wo diese Menschen herkommen", erklärt er. „Ich weiß, wovor sie fliehen." Für viele im Ort ist er damit ein Störenfried, einige weisen abfällig auf seine Vergangenheit oder seine Schwarze Frau hin. „Aber Willy hatte Sendungsbewusstsein", tönt Pfarrer Bergmann, „und er versammelte Menschen um sich, die ihn unterstützten. So entstand die Idee zum Begegnungszentrum, das nächsten Sonntag eröffnet wird. Es war Willys Herzensanliegen, dass hier ein Raum entsteht, in dem alle einfach ‚sein' dürfen, egal welche Hautfarbe sie haben, woran sie glauben oder welche Schulbildung sie haben."

Er fährt fort: „Willy muss geahnt haben, dass er das Begegnungszentrum nicht mehr selbst erleben wird, denn auf seinem Nachttisch lag dieser kleine Zettel hier mit dem Bibelvers: ‚Du darfst nur hinüberschauen in das Land, das ich den Israeliten geben werde. Hineinkommen wirst du nicht.'"

Als Sabine und Harald nach der Beerdigung heimgehen, sind sie sehr still. Sie kommen an dem Begegnungszentrum vorbei, das bereits für die Eröffnungsfeier dekoriert wird. Sabine nimmt ihren Mann fest bei der Hand. „Ich habe noch niemanden kennengelernt, der so krachend gescheitert und dabei gleichzeitig so sehr an seinem Ziel angekommen ist", meint sie.

...

Die wenigsten Menschen leben stringent in eine Richtung. Zu ihrem Dasein gehören Auswege, Umwege und Abwege. Wenn sie dann schließlich so etwas wie ihre Lebensberufung gefunden haben, kann es sein, dass ihre Zeit nicht mehr ausreicht, sie zu verwirklichen. So war es bei Mose, von dem die Idee zu dieser Geschichte stammt. Streng genommen hat er sein Ziel nicht erreicht, dem eigenen Volk wieder eine Heimat zu geben, aber eigentlich hat er mehr geschafft, als er sich je vorgenommen hatte. Seine „Todesanzeige" steht in 5. Mose, Kapitel 34 – zu ihrem Verständnis gehört allerdings seine gesamte Lebensgeschichte, die vor allem in 2. Mose erzählt wird.

Dein eigener Zugang zur Geschichte:

- Wie definierst du für dich selbst, dass du etwas „geschafft" hast?
- Was für eine Grabinschrift wünschst du dir? „Hier ruht …, der/die sein Leben dafür eingesetzt hat …"
- Wenn du irgendwo Verantwortung trägst: Bist du ersetzbar? Baust du jemanden auf, der deine Arbeit weiterführen kann?
- Wie gehst du damit um, wenn du merkst, dass du ein wichtiges Lebensziel nicht mehr erreichen wirst?

Alles, nur kein Sex

Alles, nur kein Sex

Einen Moment lang fühlt sich Mona wie im falschen Film. Wie in einem dieser unsäglichen Melodramen, die sie nie freiwillig anschauen würde. Das Problem ist nur: Das ist die Realität. Und es ist Caro, die gerade vor ihr in Tränen ausgebrochen ist, nachdem sie stockend herausgebracht hat: „Mama, ich bin schwanger."

Okay – tief durchatmen. Mona sieht ihre Tochter an und weiß: Caro wartet auf eine Reaktion. Und zwar jetzt! Am liebsten würde sie erst einmal eine Stunde spazieren gehen und anschließend nachlesen, was das große Handbuch zur Teenager-Erziehung, was sie nicht besitzt, dazu sagt. Stattdessen nimmt sie sie fest in den Arm und sagt ihr einfach: „Ich liebe dich, mein Mädchen!", während auch ihr die Tränen übers Gesicht laufen.

Es folgen intensive Stunden, in denen Mona mit ihrer 17-Jährigen redet, sie fragt, erklären lässt, wo sie gemeinsam weinen und lachen und sich immer wieder in den Armen liegen. Nach dem ersten Schlucken ist es der Mutter klar: Ihre Tochter hat keine lebensbedrohliche Krankheit, sie ist „nur" schwanger. Trotzdem wird die nächste Zeit viel von ihnen beiden abverlangen – vor allem von Caro. Irgendwann fasst die in Worte, was auch Mona schon eine Weile durch den Kopf geht: „Mama, was werden sie in der Gemeinde dazu sagen?" Dabei geht es ihr nicht darum, dass Einzelne eine dumme Bemerkung machen könnten – okay: natürlich meint sie das auch, aber in erster Linie geht es um das, was Caro so ausdrückt: „Muss ich jetzt austreten? Jedem alles erklären und Buße tun?

Ganz schnell den Vater heiraten? Darf ich darüber nachdenken, ob ich das Kind austragen will? Bin ich jetzt die Ehebrecherin der Gemeinde? Das schlechte Vorbild, das keinen Kindergottesdienst mehr halten darf?" Wow, denkt Mona, genau auf die Zwölf!

Seit Jahren schon besuchen die beiden eine Freikirche am Ort, wo sie sich wohlfühlen, immer wieder Gott erleben und Freunde gefunden haben. Diese Gemeinde ist ein Ort der Gnade, solange es nicht – und das haben sie auch schon mitbekommen – um Sex geht. Irgendwelche Probleme oder abweichenden Meinungen darf es bei diesem Thema scheinbar nur im Rückspiegel geben: „Früher habe ich hier gesündigt, aber jetzt hat Gott mich verändert …"

„Lass dir noch ein bisschen Zeit", schlägt Mona vor. „Erst einmal musst du dich selbst sortieren. Und dann kannst du dir überlegen, was du wem sagen willst." Sie grinst: „Irgendwann kriegen sie es auf sowieso mit." Drei Wochen später ist es so weit. Caro hat sich inzwischen dazu entschieden, das Kind zur Welt zu bringen. Vieles andere ist noch offen, aber diesen Sonntag beginnt sie, den ersten davon zu erzählen: „Bei mir wird es demnächst übrigens größere Veränderungen geben …"

Auf dem Heimweg nehmen die beiden Frauen wie so oft Karl mit, der in ihrer Straße wohnt und mit seinen 83 Jahren kein Auto mehr fährt. Früher war er einer, der genau wusste, wie man als Christ leben muss, und es auch ungefragt verkündet hat, wenn jemand aus seiner Sicht falsch lag. Doch das war früher. Jetzt hockt er auf dem Beifahrersitz und druckst etwas herum, bevor es schließlich sehr bestimmt aus ihm hervorbricht: „Ich wollt euch nur sagen, dass ich auch ein böser Bub war." Irritiert schauen Mona und Caro erst sich und dann ihn an. „Was meinst du?" „Ei, wie ich gesagt hab: Ich war auch ein böser Bub gewesen. Als ich meine Thea kennengelernt hab, war die Gemeinde noch ganz anders drauf gewesen als heute. Damals durfte man noch nicht mal befreundet sein: Entweder hatte man nichts miteinander zu tun oder man war verlobt, dazwischen gab es fast nichts."

Nun wird er deutlicher: „Wir hatten aber schon was miteinander – und Thea ist schwanger geworden. Nun musste es sehr schnell gehen, damit nicht alle reden, und wir haben direkt geheiratet." Karl wird still – sie lassen ihn schweigen. „Aber meine Frau hat das Kind verloren. Niemand hat etwas mitbekommen. Als dann ein Jahr nach der Hochzeit unser Ältester zur Welt kam, hat alles wieder gepasst."

Er schüttelt den Kopf: „Bis jetzt weiß das fast keiner, aber als ihr heute von dem Kind erzählt habt, wusste ich, dass ich euch das sagen will. Ich wäre mir wie der größte Heuchler der Welt vorgekommen, wenn ich es für mich behalten hätte. Es geht doch nicht darum, ob man erwischt wird oder nicht."

„Danke", lächelt Caro, „das bedeutet mir sehr viel."

„Is doch wahr", meint Karl nur trocken.

...

Als beim Laubhüttenfest ein Pärchen in flagranti erwischt wird, zerren die Sittenwächter die Frau vor Jesus. Aufregung und Empörung sind groß. Du findest die Geschichte im Johannesevangelium, Kapitel 8, Vers 1–11. Sie wird erzählt, ohne die Frau beim Namen zu nennen und die näheren Umstände zu erklären, es geht auch weniger um sie als vielmehr darum, dass Gnade bei einem Aufreger-Thema wie Sex nicht aufhört.

Dein eigener Zugang zur Geschichte:

- Als die Gesetzeslehrer die Frau vor Jesus bringen, beziehen sie sich auf 5. Mose, Kapitel 22, Vers 22–24. Schau dir den Text einmal an. Fällt dir etwas auf?
- Gibt es Menschen und Situationen, mit denen du barmherziger umgehst als mit anderen? Woran könnte das liegen?
- Die Geschichte gibt Sündern, Anklägern und vor allem Gott ein Gesicht. Welches?
- Was sagt die Geschichte dieser Frau über Vergebung aus – damals wie heute?

Wolfsstunde

Wolfsstunde

Wie angeknipst liegt er wach im Bett. Michael seufzt kurz und wirft dann einen Blick aufs Handy neben sich: Halb vier. Schon wieder. Diese Woche ist es das dritte Mal, dass er um diese schreckliche Uhrzeit aufwacht – und es ist erst Mittwoch!

An Schlafen ist nicht mehr zu denken, das ist Michael völlig klar, denn obwohl er schlagkaputt ist, hüpfen die Gedanken in seinem Kopf von der ersten Sekunde an bereits wie Popcorn in der Pfanne: Was steht am Morgen im Büro an? Hat er das Mitarbeitergespräch schon fertig vorbereitet? Wann sind die Abrechnungen an die Krankenkasse fällig? Wird die Autoreparatur ihres neuesten Dienstwagens bezahlbar werden? Wird das Geld diesen Monat reichen, um alle Gehälter auszuzahlen? Auch sein eigenes? Oder muss er wieder einmal mit der Bank verhandeln?

Während Michael sich von einer Seite auf die andere wälzt und versucht, nicht auch noch seine Frau Svenja zu wecken, denkt er darüber nach, was gerade in ihm passiert: „Blöde Hormone", flüstert er vor sich hin. Als gelernter Krankenpfleger weiß er, dass um diese Uhrzeit das Schlafhormon besonders stark wirkt und alles, was seine Stimmung aufhellen könnte, kaum vorhanden ist. Die Folge ist, erklärt er sich selbst, dass ich beim zufälligen Aufwachen direkt in eine Minidepression abstürze und mich so fühle, wie ich mich jetzt gerade fühle. – Wolfsstunde heißt diese Zeit, weil da früher höchstens die Wölfe unterwegs waren. Vielleicht auch, weil einem dabei zum Heulen zumute ist. „Und was bringt mir dieses Wissen?", fragt er wütend sein Handy, das inzwischen viertel nach vier zeigt.

So leise er kann, steht er auf, geht in die Küche, zieht die Tür sicherheitshalber hinter sich zu und setzt sich einen Tee auf.

Der heiße Kräutertee mit einem Löffel Honig tut ihm gut. Und Michael überlegt, seit wann er eigentlich so schlecht schläft. Alles begann damit, dass er sich vor ein paar Jahren mit einem ambulanten Pflegedienst selbstständig machte. Endlich ist er sein eigener Chef. Der Laden brummt und nach kurzer Zeit fahren sechzehn Mitarbeiterinnen in seinem Auftrag zu ihren Patienten. Er mietet neue Räume an, fährt ein offenes Konzept, bei dem die besuchten Personen möglichst wertgeschätzt werden und er bezahlt seine Angestellten deutlich über dem Branchendurchschnitt. Doch dann explodieren die Kosten, und gleichzeitig kann er den Krankenkassen gegenüber immer weniger abrechnen.

Michael leidet darunter, dass er bis jetzt dachte, dass Gott seine Berufswahl und auch die Selbstständigkeit so wollte. „Weißt du was?", ruft er Gott auf einmal laut zu. „Das ist deine Schuld. Ich habe alles getan, was ich konnte und was ich von dir erkannt habe. Jetzt musst du dich um uns kümmern. Sonst brauchen wir als Familie in wenigen Monaten Bürgergeld – und ich geh an meinen Sorgen kaputt!" Jetzt ist es ganz still in der Küche. Trotzdem hört Michael lautlos und deutlich: „Wie wäre es, wenn du einfach mal vertraust?" Das steht so im Raum. Dann nickt Michael. „Okay, Gott, ich kümmere mich von jetzt an um meine Angestellten und die Patienten. Der Rest ist dein Job!"

Als seine Frau um sieben aufsteht und in die Küche kommt, sitzt er bereits am gedeckten Tisch. „Guten Morgen, mein Schatz", meint sie und gibt ihm einen Kuss. „Du bist aber früh aufgestanden." „Ja, ich musste mich mit Gott streiten." „Konntest du ihn überzeugen?", fragt sie zurück. „Das werden wir sehen. Ich habe ihm gesagt, dass er sich um unsere Versorgung kümmern muss – ich kann nicht mehr. Er hat Zeit bis zum Wochenende." „Das ist aber nicht gerade lange." „Hey, wir haben's mit Gott zu tun, braucht der dafür langen Vorlauf?" Svenja schaut skeptisch. „Na, wenn du meinst."

Zwei Tage später hockt Michael weinend im Wohnzimmer, als Svenja hereinkommt. „Was ist passiert?", fragt sie erschrocken. „Gott ist unglaublich", meint ihr Mann, „ich bin so happy, dass ich nur noch heulen kann. Heute Morgen hat die Werkstatt wegen unseres Autos angerufen, das den Motorschaden hat – die Garantie ist gerade abgelaufen, aber sie übernehmen die gesamten Kosten auf Kulanz. Und mittags hat sich die Krankenkasse wegen der letzten Abrechnung gemeldet. Sie haben etwas übersehen, und wir bekommen noch über 10.000 Euro ausgezahlt."

Svenja lacht und legt eine Karte im Umschlag auf den Tisch; darauf ist ein Rabe abgebildet. „Schau mal, das habe ich eben aus dem Briefkasten gefischt. Absender war keiner darauf, aber 500 Euro waren drin und hier steht: ‚Für euren nächsten Urlaub! Elias Raben fliegen noch.'"

...

Sorgen können unser Leben stark einschränken, deshalb begegnet Gott ihnen in der Bibel immer wieder durch sein Versorgen. Meist fühlt sich das recht normal an, aber manchmal benutzt Gott ungewöhnliche Wege wie zum Beispiel beim Propheten Elia, den er für eine Weile durch Raben mit dem versorgt, was er zum Leben braucht. Diese Geschichte findest du in 1. Könige, Kapitel 17,1-7.

Dein eigener Zugang zur Geschichte:

- Kennst du Zeiten, in denen dich Sorgen beherrschen? Wie gehst du damit um?
- Was bedeuten dir Bibelverse, in denen du aufgefordert wirst, dich nicht zu sorgen? (Matthäus, Kapitel 6, Vers 25; 1. Petrus, Kapitel 5, Vers 7; Philipper, Kapitel 4, Vers 6-7 und andere)
- Was ist mit Christen, die ähnlich wie Michael gebetet haben, aber Insolvenz anmelden mussten oder eben nicht per Wunder versorgt wurden?
- Welche Rolle spielen Geschichten wie die von Elia in unserem Sozialstaat, in dem man sich außerdem noch gegen zahlreiche Widrigkeiten des Lebens versichern kann?

Loslassen

Loslassen

„Frühstück!" Wie immer ruft Siggi laut nach ihrem Sohn, noch bevor sie den ersten Teller auf den Tisch stellt und den Kaffee aufsetzt. „Komme sofort!", klingt es aus der Zimmertür von Tim, aber es hört sich noch sehr horizontal an. Wahrscheinlich liegt er noch im Bett, denkt sie, und tatsächlich dauert es noch gute zehn Minuten, bis die Tür aufgeht.

„Morgen, Mum", sagt der gutaussehende Kerl, der sich da an den Tisch setzt, nachdem er ihr einen flüchtigen Kuss auf die Wange gegeben hat. Siggi schenkt ihm einen Kaffee ein. Bis er den getrunken hat, ist an eine Unterhaltung sowieso nicht zu denken, kichert sie in Gedanken. Und während Tim die Tasse langsam ansetzt und seinen Kaffee – „viel Zucker, noch mehr Milch und vor allem Kaffee" – zelebriert, schaut sie ihn an. Was für ein toller Typ, schwärmt sie für ihren Sohn. Kein Wunder, er sieht seinem Vater so ähnlich, ist wie die jüngere Ausgabe des Mannes, der sich vorhin gerade für seine Firma auf den Weg nach Südamerika gemacht hat. „Die Arbeit ruft", hatte er noch grinsend gemeint. Stimmte ja auch irgendwie, wenn er als Produktentwickler für Outdoorausrüstung ab und zu ausprobieren musste, ob Zelte regendicht und die neue Bekleidung dschungeltauglich sind. Ein weiteres Reiseargument waren Juans perfekte Spanischkenntnisse. „Red' keinen Stuss, du Urlauber", antwortete sie ihm deshalb, „ich wünsch dir trotzdem eine wunderschöne Zeit – und grüß mir Patagonien."

Als sie Juan kennenlernte, war er dreiundzwanzig, nur vier Jahre älter als Timoteo jetzt. Kein Wunder, dass ich mich fast in meinen Sohn verlieben könnte, denkt Siggi. Juan hatte ihr

Leben damals wunderbar durcheinandergewirbelt. Sie war sehr behütet aufgewachsen. Das kleine, schwäbische Dorf war idyllisch gewesen. Ihre Eltern grundfreundlich und tiefgläubig. In ihrer bodenständigen Kirchengemeinde hatte sie auch selbst einen guten Draht zu Gott entwickelt. Weil ihr das Dorf doch etwas eng erschien, wollte sie eine Bibelschule besuchen, Sprachen lernen und später dann in die Mission gehen. „Erschstmol ebbes Gscheids" hatte die Mutter damals gemeint, erst einmal etwas Vernünftiges. Also hatte sie Internationales Management studiert – das bediente Fernweh und Sicherheitsdenken gleichermaßen. Dort hatte sie Juan kennengelernt, und ein gutes Jahr später waren sie bereits verheiratet. Als sich dann Timoteo anmeldete und ihre Jugendträume endgültig durchkreuzte, fiel ihr das zunächst nicht leicht, aber Juan, ihr kleiner Junge und die Arbeit, die sie später fand, versöhnten sie damit. Es war ein schönes Leben, das sie …

„Hörst du mir eigentlich zu?", fragt Tim und sieht sie mit großen Augen an. Wahrscheinlich redet er schon länger mit ihr. „Ja, natürlich, äh nein, mein Schatz. Sag's bitte noch einmal. Ich war gerade in Gedanken." „Okay, Mum, ich muss dir nämlich etwas Wichtiges sagen." Jetzt schaut sie ihn konzentriert an und macht ihn damit prompt nervös. Verlegen streicht er sich die Haare aus der Stirn.

„Du warst doch letzte Woche auch in der Gemeinde, als das Team aus Afrika berichtet hat", setzt Tim noch einmal an. „Ja", meint Siggi. Worauf wollte er hinaus? „Ich habe mich anschließend noch mit Wolfgang, dem Leiter, getroffen. Du weißt ja, dass ich mich irgendwie noch nicht entscheiden konnte, was ich studieren oder lernen will. Und die ganzen Freiwilligendienste, die ich bisher gesehen habe, waren nichts für mich. Kinderhüten in Sri Lanka …" – er rümpft die Nase – „Aber das Brunnenbauprojekt von Wolfgang hat mich begeistert. Es hat eine christliche Basis, ist aber ansonsten einfach eine Arbeit, die den Ärmsten hilft." Tim macht eine Pause und schaut Siggi dann direkt an. „Ich habe mir die Bewerbungsunterlagen mitgenommen und möchte da gern für ein, zwei Jahre mitarbeiten."

Das Brot in ihrem Mund wird plötzlich zu einem betonharten Klumpen, den sie unmöglich herunterschlucken kann. Wie bitte? Ihr Kleiner? Tim ist doch erst neunzehn. Fast noch ein Kind. Jetzt schluckt sie doch herunter. „Na ja", versucht sie zu lächeln, „du bist erwachsen …" „Mum, ich weiß, dass ich einfach gehen könnte", unterbricht er sie, „ich will keine allgemeinen Kommentare, sondern ich würde mir deinen Segen wünschen."

Vor Siggis Augen läuft ihre eigene Jugend ab. Tim will nur das machen, was sie selbst gern getan hätte. Aber trotzdem ist es jetzt etwas ganz anderes. Er ist zu jung! – Er ist alt genug! – Er würde unendlich davon profitieren und könnte ein Segen für andere sein! – Aber erschstmol ebbes Gscheids! – Als ihr das durch den Kopf schießt, muss sie laut lachen. Tim schaut sie irritiert an. „Mein Junge, ich muss mich erst einmal an den Gedanken gewöhnen, aber ich finde ihn gar nicht so übel. Gar nicht übel. Ich glaube, meinen Segen hast du." Dann schaut sie ihn fragend an. „Aber es geht ja nicht nur um meine Meinung. Wir müssen unbedingt noch Juan fragen."

Jetzt lacht Tim. „Der weiß es längst. Er hat nur gemeint, dass du der dickere Brocken wärst."

…

Es hört sich irgendwie biblisch an, wenn jemand vorbeikommt und sagt: „Folge mir nach …“ Aber wenn es konkret wird und einen selbst oder die eigenen Kinder betrifft, ist es plötzlich etwas anderes. Wie war es wohl, als Paulus im Vorbeiziehen angefragt hat, ob er den jungen Timotheus mitnehmen könnte – Ausgang der Reise: offen. Diese Berufungsgeschichte findest du in Apostelgeschichte, Kapitel 16, Vers 1-5 und 2. Timotheus, Kapitel 1, Vers 5.

Dein eigener Zugang zur Geschichte:

- Kannst du Menschen gut loslassen, die dir etwas bedeuten?
- Siehst du das Potenzial, das in Menschen deiner Gemeinde oder Familie steckt? Wie ermutigst du sie dabei, es freizulegen?
- Hast du Ängste, dass andere Menschen deine Fehler wiederholen? Kennst du es auch, dass du dich durch ihr Leben verwirklichen willst?
- Gibt es in deiner Familie so etwas wie diese Segenslinie bei Lois, Eunike und Timotheus?

Brüder für immer

Brüder für immer

Die letzte Woche im Juni ziert ein dicker roter Balken. Immer wenn Alex sein Handy zückt, wirft er einen Blick darauf. Immer wenn Sven in seine Küche kommt, sieht er den roten Kringel im Kalender über derselben Woche. Seine Tochter lernt gerade lesen, sie steht angestrengt davor und buchstabiert: „Bru – der – wo – che. Bruderwoche." Nur um gleich darauf zu fragen: „Papa, was ist eine Bruderwoche?"

„Du kennst doch Alex?", fragt er sie. „Natürlich", antwortet Emilia verzückt. „Nun, Alex ist so etwas wie mein Buder und wir treffen uns jedes Jahr für die letzte Juniwoche." „Toll", jubelt Emilia, „ich komm mit." „Sorry, mein Schatz, das ist unsere Bruderwoche – da gibt's nur Alex und mich. Danach bin ich wieder voll für dich da." Auch Anke hat etwas kritisch geschaut, aber sie kennt das Ritual ihres Mannes und seines besten Freundes schon länger. Eifersucht ist da fehl am Platz, auch wenn dieser Freund eigentlich ihr eigener Bruder ist.

Sven wohnt mit seiner Familie in München. Er arbeitet als Cellist bei den Münchner Philharmonikern und spielt auch ansonsten alles, was Saiten hat. Alex ist völlig anders: Single, Verkaufsleiter einer Leasingfirma und er wohnt schon ewig an der Nordsee in Cuxhaven. Alles Mögliche haben die beiden schon während ihrer jeweiligen Bruderwoche unternommen: Sie waren für eine Woche zum Tauchen in Ägypten und zum Jagen in der Hohen Tatra, sie haben einen Musicalmarathon in London unternommen und jetzt haben sie sich in Gießen am Bahnhof verabredet, um gemeinsam mit dem Bus in den nahen Vogelsberg zu fahren und ihn zu umwandern – übernachten wollen sie weder in Hotels noch im Zelt, sondern einfach im Biwaksack mitten im Wald.

„Auf die Bahn ist echt Verlass", lacht Alex, als die beiden sich auf dem Bahnsteig in die Arme fallen. „Wenn jeder eine Stunde Verspätung hat, muss keiner lange auf den anderen warten. Schön, dich wiederzusehen." „Ja, super, dass du da bist." Sie lachen sich an, werfen sich ihre Rucksäcke auf den Rücken, schlendern gemütlich durchs Bahnhofsgebäude in Richtung Busbahnhof und halten sich dabei an der Hand. Das haben sie schon immer gern gemacht.

Die beiden kennen sich seit der Realschule. In der ersten Stunde an der neuen Schule saßen sie zufällig nebeneinander und haben das bis zur Mittleren Reife nicht mehr geändert. Es gab zwar ein paar Versuche von Lehrern, die beiden zu trennen, aber sie scheiterten kläglich. „Eigentlich stören sie ja auch niemanden", meinten die Pädagogen dann und ließen sie wieder nebeneinandersitzen. Sie waren nicht unsozial, aber sie waren so sehr beste Freunde, dass niemand mehr dazu passte. Irgendwann gingen sie einmal Hand in Hand in die große Pause. „Die sind verliebt!", rief jemand. „Iiih, die sind schwul!", tönte jemand anderes. Da drehten sie sich um. „Nein, sind wir nicht," meinte Alex. „Aber wenn wir es wären, wo wäre da das Problem?", ergänzte Sven. Das überforderte die Rufenden und sie verstummten.

Als die beiden im Bus sitzen und über Land schaukeln, ist Weißt-du-noch-Zeit. „Erinnerst du dich noch, wie du gegen den riesigen Typen angetreten bist, der meinen Vater ausrauben wollte?", fragt Alex. „Du hast ihm gesagt, dass du nicht weißt, was du mit ihm anstellst, wenn er sich nicht sofort verpisst …" Sven lacht: „Das habe ich doch nur gesagt, weil ich es wirklich nicht wusste. Was hätte ich denn machen sollen?" „Mein Vater hat dich danach geliebt – aber irgendwie warst du ihm immer etwas unheimlich. Vielleicht warst du ihm zu unabhängig." „Kann sein", meint Sven, „aber ich verdanke ihm den Musikunterricht am Konservatorium. Den hätten meine Eltern nie bezahlen können. Und dir verdanke ich Stunden im Baumhaus, beim Grillen bei euch im Garten, im Kino, bei Ausflügen oder einfach beim Musik hören in deinem Zimmer." Jetzt amüsiert sich Alex: „So oft gab es Ärger für mich, nachdem du heimgegangen warst." „Du hast mir ja auch immer wieder deine edlen Klamotten mitgegeben und stattdessen meine ollen T-Shirts angezogen." „Vater war damals schon krank. Nichts brachte ihn so sehr auf die Palme, als wenn du da warst, und nichts brachte ihn so zur Ruhe, als wenn du den ‚Schwan' von Saint-Saëns gespielt hast."

Längst sind Alex und Sven an der Endstation angekommen. Sie schultern ihre Rucksäcke und marschieren durch den kleinen Ort hindurch in Richtung Wald. Der Vulkanring mit gut hundert Kilometern rund um den Vogelsberg erwartet sie. Bestimmt wird es an diesen Tagen auch regnen, sie werden sich unterhalten und schweigen, sie werden lachen und weinen und sie werden diese Zeit wie immer genießen, weil sie einander so nah sind, wie es nur wenige Menschen schaffen. Und zum Abschluss werden sie sich in den Arm nehmen und sich wie jedes Mal versprechen: „Brüder für immer!"

…

Mitten zwischen Heldengeschichten, Krieg, Sieg und dem Weiterreichen der Krone steht im Alten Testament die Geschichte einer Freundschaft, die ihresgleichen sucht: David und Jonathan lieben einander „wie ihr eigenes Leben" und „wunderbarer als Frauen". Du findest ihre Geschichte in 1. Samuel, Kapitel 18-20 und in 2. Samuel 1.

Dein eigener Zugang zur Geschichte:

- Was macht für dich echte Freundschaft aus?
- Hast du solch eine Freundin oder einen Freund? Welche Rolle spielt Gott dabei?
- Wie lässt sich Freundschaft leben und stärken?
- „Verwandte sind die Familie, in die du hineingeboren wirst. Freunde sind die Familie, die du dir aussuchst." Glaubst du, dass Freundschaften schwierige Familienbeziehungen ausgleichen können?

Die lustige Witwe

Die lustige Witwe

„Du machst WAS?“ So geduldig wie ein Teenager das mit dreizehn Jahren kann, schaut Franka ihre Mutter an und sagt ihr: „Ich treffe mich gleich mit Sibel, und wir gehen zu Oma Hanna zum Kuchenbacken.“ „Seit wann interessierst du dich denn fürs Backen?“ „Ich glaube, seit sich Oma Hanna für mich interessiert“, meint Franka nachdenklich. Dann springt sie auf. Das Handy in ihrer Tasche hat vibriert. „Ciao, ich muss los!“

Unten auf der Straße wartet ihre Schulfreundin. Die beiden haken sich unter und gehen fröhlich palavernd die Straße entlang. „Hast du schon Deutsch gemacht?“, erinnert Sibel Franka. Die verdreht die Augen. „Den Aufsatz über das Zusammenleben der Generationen? Au weia. Was für ein Kackthema. Wieso nicht ‚Mein schönstes Ferienerlebnis‘?“ Sibel wechselt das Thema: „Wie findest du die neue Netflixserie?“ Franka strahlt: „So schön – und der Typ darin ist einfach unfassbar süß.“

So schwärmen sie und reden und sind schon an ihrem Ziel angekommen: Beethovenstraße 17. Ein kleines Häuschen hinter einem verwilderten Vorgarten, in dem üppige Lavendelbüsche den ehemaligen Steingarten völlig überwuchert haben. „Zum Glück“, meint Sibel. „Riech mal. Ich glaube, meine Nase explodiert gleich.“ Aber schließlich klingeln sie doch neben dem verschnörkelten Namenschild von Hanna Krüger. Das Ding-Dong ist noch nicht verhallt, da hören sie schon von drinnen: „Kommt einfach rein. Die Tür ist offen.“ „So was Leichtsinniges“, murmelt Sibel, aber sie stößt die Tür auf und steht gleich darauf mit ihrer Freundin in der Erinnerungshöhle. So haben die beiden die Wohnung von Oma Hanna getauft, die einfach – anders ist. Manche Wohnungen sind superordentlich, so als wären sie gerade für „Schöner Wohnen“ nominiert worden, andere sind unwahrscheinlich vollgestellt. Hannas Häuschen ist nichts davon. „Die Zimmer sind weder leer noch voll, aber überall steht und hängt etwas, das mit Bedeutung aufgeladen ist“ – so hat Franka es ihren Eltern nach dem ersten Besuch bei der Seniorin erklärt.

In diesem Moment schaut Oma Hanna auch schon aus der Küchentür und strahlt: „Schön, dass ihr da seid, meine Lieben. Kommt rein, wir können gleich loslegen.“

Vor ein paar Wochen haben sich die drei auf dem Markt kennengelernt. Die Vierundachtzigjährige schnaufte vor Anstrengung, weil die Kartoffeln in ihrem Korb so schwer waren, und die Freundinnen hatten ihr angeboten, ihn heimzutragen. „Aber nur, wenn ich euch dafür meine selbstgemachte Limonade anbieten darf“, meinte sie. Als sie eine halbe Stunde später wieder auf der Straße standen, hatten sie sich für heute zum Backen verabredet, denn irgendwie waren sie darauf gekommen, dass die beiden Mädchen noch nie einen Hefekuchen gebacken hatten.

Nach dem Abwiegen, Rühren und Kneten kommt der Teig erst in die Form und dann in den Ofen. Oma Hanna stellt den Wecker. „Jetzt haben wir Zeit. Wie wär's noch einmal mit einer Limo?“ Die Mädchen nicken und bald sitzen sie einträchtig zu dritt auf dem Sofa. Wenn Hannas Haare nicht schlohweiß herausleuchten würden, könnte man denken, dass da gleichaltrige Freundinnen zusammen plaudern.

Sibels Blick fällt auf ein Schwarz-Weiß-Foto an der Wand. Da umfängt ein lachender junger Mann eine Frau, die aussieht wie die junge Ausgabe von Hanna. „Bist du das?“, fragt sie ungläubig. „Ja“, sagt Hanna verträumt, „da war ich zwanzig und es war auf unserer Hochzeitsreise ins Allgäu.“ Die Mädchen schweigen, aber Hanna versteht ihre Frage auch so. „Er hieß Bernd und war der Traum meines Lebens. Wir haben uns so geliebt, dass es fast wehgetan hat. Und dann haben wir so schnell geheiratet, dass alle dachten, wir ‚müssten‘ es. Aber anders als viele andere damals wollten wir erst einmal zu zweit miteinander leben. Die ganze Welt hat uns gehört, bis …“ Sie stockt leicht. „Bis eines Tages die Polizei vor der Tür stand und mich fragte, ob ich Hanna Krüger wäre. Mein Mann wäre von einem Auto überfahren worden – er hätte es leider nicht geschafft.“

Die Tränen stehen Sibel und Franka in den Augen. Sie spüren, wie sehr Oma Hanna ihren Bernd geliebt hat. „Das ist jetzt siebenundfünfzig Jahre her und ich denke jeden einzelnen Tag an ihn. Aber wisst ihr was? Irgendwann habe ich gedacht: Lieber sieben Jahre mit ihm als ein Leben ohne eine solche Liebe. Ich habe nie wieder geheiratet. Es hätte nicht besser werden können. Also habe ich angefangen zu beten. Das habe ich zwar schon immer gemacht, aber jetzt hatte ich mehr Zeit dafür. Und immer sage ich: „Gott, wie wär’s, wenn ich heute wieder jemanden treffe, für den ich einfach da sein kann.“ Und dann sagt er: „Mal sehen. Halt einfach die Augen offen.“ So habe ich letzte Woche euch beide getroffen.“

Sibel schluckt kurz. Eine Gebetserhörung war sie bis jetzt noch nie. Und Franka denkt direkt an ihren Deutschaufsatz: Zusammenleben der Generationen? Und wie.

…

Jahrzehntelang als Witwe fürs Gebet leben hört sich nicht besonders prickelnd an. Bis man jemanden kennenlernt, der dieses Format fröhlich ausfüllt – so wie die biblische Hanna, die im Tempel und darum herum für Gott und Menschen da war. Ihre Story steht in Lukas, Kapitel 2, Vers 36-37.

Dein eigener Zugang zur Geschichte:

- Wie gehst du mit Bibelversen wie 1. Thessalonicher, Kapitel 5, Vers 17 um: „Betet unablässig!"?
- Wie kommt man trotz eigener Probleme zu solch einer Perspektive und Berufung wie Hanna?
- Welche Form könnte ein „Leben fürs Gebet" bei dir annehmen, ohne dass du dich völlig verbiegen müsstest?
- Glaubst du, dass sich gelebte Frömmigkeit über die Generationen weitergeben lässt? Wie könnte das geschehen?

Du schaffst das!

Du schaffst das!

Marek klappt den Laptop auf und schaut auf die leere Seite der Textverarbeitung. „Ich pack das nicht!" „Du schaffst das", sagt Bernd aufmunternd. „Ich? Niemals!", antwortet der, ohne zu zögern, aber Bernd lächelt nur, dann lacht er und schließlich prustet er seine Fröhlichkeit geradezu heraus. „Was ist daran so lustig, dass ich das nicht hinbekomme?", will Marek wissen. Sein Gegenüber muss erst einmal Luft holen und sich die Tränen aus den Augen wischen. „Merkst du eigentlich, dass ganz viele unserer Gespräche auf die gleiche Art und Weise anfangen? Ich erlebe gerade ein starkes Déjà-vu."

Etwas verständnislos blickt ihn Marek an. Dann erinnert er sich: „Stimmt. Du hattest früher mal diesen Missionstrip geplant. Etliche aus unserer Kirche und dem Umfeld hatten sich Urlaub genommen oder hatten sowieso gerade Zeit und wollten für sechs Wochen nach Rumänien. Das Team war eigentlich vollständig, mit dem ihr losziehen wolltet, um Menschen zum Glauben einzuladen und ihnen auch praktisch zu helfen." „Genau. Und ich habe dich gefragt, ob du nicht mitkommen wolltest. Du hattest gerade das Abi in der Tasche und noch Zeit, bis das Studium beginnen sollte."

„Hey, ich habe damals noch nicht lange als Christ gelebt. Das war alles völlig neu für mich. Ich fühlte mich überfordert und hab deshalb gesagt: Ich pack das nicht!" „Und ich habe wie eben gemeint: Du schaffst das! Ich habe dein Potenzial gesehen und vor allem, dass du Jesus liebhattest und dich unbedingt für ihn einsetzen wolltest."

„Vielleicht hätte ich es hinbekommen“, meint Marek nachdenklich, „aber irgendwie kam damals alles zusammen: Im Team lief es nicht rund, die Arbeit war megastressig, die Not der armen Menschen, die wir besuchten, ging mir echt an die Substanz, und dann wurde ich auch noch krank …“ Marek schweigt. „Ich hab's damals verbockt.“

„Quatsch, es war so, wie du es gesagt hast: Es kam einfach zu viel zusammen, und du hast die Reise abgebrochen.“ „Bei der nächsten Tour hast du mich aber direkt wieder gefragt, und ich habe dir dasselbe noch einmal gesagt: Ich pack das nicht!“ „Und ich habe noch einmal wiederholt: Du schaffst das! Mir war klar, dass du inzwischen reifer warst, außerdem wussten wir inzwischen alle, dass wir mit unseren Kräften besser haushalten mussten. Und ich wollte dich auf jeden Fall unterstützen.“ „Na ja, dein Co-Leiter war da anderer Meinung. Er wollte mich nicht dabeihaben. Ich hör ihn noch, wie er verkündet: Auf den ist kein Verlass; er hat uns einmal im Stich gelassen – er wird es wieder tun.“

„Ja, wir haben uns deswegen gezofft, und schließlich haben wir beide uns mit ein paar anderen auf den Weg nach Sibiu gemacht und nicht nach Brasov. Es war eine besondere Zeit!“ „Das war es“, ergänzt Marek, „ich hätte nie gedacht, dass ich tatsächlich etwas für die Menschen dort tun kann, dass ich ihnen etwas zu geben habe.“

„Wie oft warst du eigentlich inzwischen in Rumänien?“, fragt Bernd. „Das zähle ich nicht mehr“, lächelt Marek. „Ich bin gern dort, und ich liebe die Menschen.“ „… und sie lieben dich, weil sie dein Herz sehen“, fällt ihm Bernd ins Wort. Selbst mein damaliger Co-Leiter hat mir neulich noch gesagt, wie hilfreich deine Arbeit in Sibiu für die Menschen dort ist – und sogar für ihn selbst."

„Aber das hier", jetzt schaut Marek wieder auf den Laptop, „ist etwas völlig anderes. Hier geht es nicht darum, einer alleinstehenden Frau den Ofen zu reparieren, einer Familie das Hausdach zu richten oder mit einem Kranken zu beten. Jetzt soll ich all das aufschreiben, was ich mit Jesus erlebt habe, hier und in Rumänien. Und es soll nicht nur dummes Geschreibsel für mich selbst sein, sondern anderen weiterhelfen – bestenfalls sollen sie Gottes Liebe darin sehen. Ich pack das nicht!"

„Du musst dich doch nicht verbiegen, du brauchst dir auch nichts auszudenken. Erzähl einfach von Anfang an. Das wird zwar Arbeit, aber ich kann nicht anders, als dir schon wieder zu sagen: Du schaffst das!"

Marek starrt noch eine ganze Weile auf den Bildschirm. Tatsächlich hat er in den letzten Jahren so viele Dinge hinbekommen, die er früher für unmöglich gehalten hätte, dass seine Gegenwehr schneller bröckelt als sonst. Er kann es ja immerhin versuchen. So tippt er: „Die Gute Nachricht von Jesus Christus, dem Sohn Gottes: Anfang und Grundlage. Schon im Buch des Propheten Jesaja steht …"

...

Manche Menschen scheinen die Selbstsicherheit abonniert zu haben, andere eher die Selbstzweifel. Doch Ermutigung ist ein Motor, der hier vieles in Bewegung bringen kann – über Erfahrungen des Scheiterns hinweg. Das biblische Vorbild dieser Story findest du in der Apostelgeschichte. In Kapitel 12, Vers 12 und 25 und in Kapitel 15, Vers 37–39 begegnest du Johannes Markus und seinem Ermutiger Barnabas. In 2. Timotheus, Kapitel 4, Vers 11 ist dann die Rede von Markus' „guten Diensten" – und die kirchliche Tradition spricht davon, dass er später das Markusevangelium verfasst haben soll.

Dein eigener Zugang zur Geschichte:

- → Gehst du eher mutig oder zaghaft an neue Herausforderungen heran? Welche Erfahrungen hast du damit gemacht?
- → Kennst du Ermutiger*innen wie Barnabas, die dir einen großen Schritt voran geholfen haben?
- → Wie gehst du mit deinem Versagen um? Und wie mit dem Versagen anderer?
- → Wie kannst du in deinem Leben/deiner Gemeinde eine Atmosphäre der Ermutigung aufbauen?

Tinder-Kinder

Tinder-Kinder

„Also wir kennen uns schon seit dem Kindergarten. Wir haben da sogar schon einmal Hochzeit gespielt." Noch drei. „Wir haben uns bei einer christlichen Freizeit am Nordkap kennengelernt – beim Blick aufs Polarlicht hat es bei uns gefunkt." Noch zwei. „Wir kennen uns schon ewig aus unserer Gemeinde, konnten aber nichts miteinander anfangen. Erst als wir unabhängig voneinander dafür gebetet haben, dass Gott uns einen Partner zeigt, haben wir uns lieben gelernt." Noch eins. „Bei uns war's ganz klassisch Liebe am Arbeitsplatz. Wir haben uns nur gesehen und wussten: Wir gehören zusammen."

Jetzt sind sie dran. Und wie immer bei solchen Vorstellungsrunden oder der Frage: „Und wie habt ihr euch kennengelernt?", überlegen Simon und Lotte, was sie sagen sollen. „Bei uns hat sich das recht spontan ergeben", haben sie schon erzählt. Oder sie haben das Kennenlernen einfach übersprungen und direkt erklärt: „Wir haben sehr schnell gemerkt, dass wir viele Gemeinsamkeiten haben: Musik, Tanzen, Kröten retten." Danach lachen alle und selten fragt jemand nach. Dabei ist es ihnen schon längst nicht mehr peinlich, also sagen sie heute: „Wir haben beide niemanden gefunden, aber als wir es schon nicht mehr für möglich hielten, haben wir uns auf einer Dating-Seite kennengelernt."

Conny, die diese Vorstellungsrunde im neuen Hauskreis der Gemeinde leitet, hakt direkt ein. „Ich habe schon viel Gutes von diesen christlichen Seiten gehört – also, wenn man so etwas mag." Lotte beschließt, die Spitze zu überhören, und lächelt breit. „Wer sagt denn, dass es eine christliche Seite war?"

In das Schweigen hinein fragt einer: „Tinder? Liken oder wegswipen?" „Wäre auch möglich gewesen, war's aber nicht", sagt Lotte. „Die christlichen Seiten fand ich schrecklich. Ich wollte weg von diesem ‚Der Herr hat mir gezeigt, dass wir zusammengehören' und Typen, die unmöglich auftreten, aber unterstreichen ‚Hauptsache gläubig'."

„Das erlebt sicher jeder anders", ergänzt Simon. „Bei uns war es jedenfalls so. Ich hatte immer einen tollen Freundeskreis – in der Gemeinde, beim Fußball, im Altenheim, wo ich arbeite, aber es war nie eine Frau dabei, die wirklich infrage kam. Das hat mir jahrelang nichts ausgemacht, denn mein Leben war klasse, aber irgendwann hat es angefangen zu ticken." „Zu ticken?" „Ja, ich hab's fast akustisch gehört, wie meine Zeit abläuft, noch jemanden zu finden: tick tack tick tack. Deshalb habe ich mich just for fun mal bei einer christlichen Dating-Seite angemeldet. Hat aber wie gesagt nicht funktioniert."

„Diese Uhr habe ich genauso gehört", meint Lotte. „Und nach etlichen Fehlversuchen habe ich mich damit abgefunden, Single zu bleiben. Die Typen, die ich getroffen hatte, halfen mir dabei zu sehen: Lieber keine Beziehung als eine um jeden Preis."

„Inzwischen waren wir beide auf einem normalen Dating-Portal gelandet und haben am gleichen Wochenende überlegt: Okay, noch ein letzter Versuch und dann soll's das gewesen sein. Lotte wurde mir vorgeschlagen und ich fand ihre Fotos nett – wenn sie denn wirklich so aussah. Sie schrieb witzig – wenn sie es denn selbst verfasst hatte. Und auch am Telefon hörte sie sich cool an. Wie sollte ich also herausfinden, ob das mit uns etwas werden könnte? Ich glaube nicht an dieses christliche Topf-und-Deckel-Prinzip, also daran, dass es für jeden nur genau eine andere Person gibt, die man finden muss. Aber ich glaube sehr wohl daran, dass Gott führt. Deshalb habe ich damals gebetet. Und dann hatte ich eine total abgedrehte Idee."

„Stimmt!" Lotte lacht. „Simon hatte damals kein Auto und ich sollte ihn abholen, damit er mich zum Essen einladen konnte. Es war März. Es war abends. Und es war schon dunkel. Ich fuhr zu der angegebenen Adresse und klingelte. Die Tür ging auf und mein Traumprinz stand da mit einer Fleece Weste und einem Plastikeimer in der Hand. ‚Hast du noch fünf Minuten?', fragte er mich. ‚Ich muss nur noch eben an die Straßenecke und die Krötenzäune kontrollieren.' Und dann schaute er mich abwartend an."

„Genau: Wie würde sie reagieren? Würde sie sich umdrehen und gehen oder vielleicht sogar fragen: ‚Coole Idee, hast du noch einen zweiten Eimer?' Das war nämlich der Satz, den ich mir von Gott als Zeichen erbeten habe. Und dann habe ich mich fast hingesetzt, als sie mich anstrahlte und sagte: ‚Super, ich mach mit. Ich liebe Kröten. Hast du noch einen zweiten Eimer?'"

Lotte erklärte noch: „Wir haben uns dann ein paar Male getroffen und viel geredet. Wir haben zusammen gekocht, sind zum Schwimmen gegangen und ins Konzert. Aber eigentlich war die Entscheidung schon gefallen, als wir direkt nach unserer ersten Begrüßung im Dunkeln an der Straße standen und Kröten aus den Fangeimern im Boden sammelten und auf die andere Straßenseite brachten."

...

Eine allgemeine Formel, um den Partner oder die Partnerin fürs Leben zu finden, gibt es nicht. Zum Glück! Aber die Bibel enthält einige spannende Beispiele, wie das damals ablief, selbst wenn es sehr anders war als heute wie in der Lovestory von Isaak und Rebekka in 1. Mose, Kapitel 24, die das Vorbild zu dieser Geschichte ist.

Dein eigener Zugang zur Geschichte:

- Hast du schon Erfahrungen mit solch einem eingeforderten Reden Gottes gemacht, wie es hier oder auch in der Geschichte des Richters Gideon vorkommt (Richter, Kapitel 6, Vers 36-40)?
- Findest du Lovestorys wie diese ermutigend oder eher verstörend? Warum?
- Gibt es etwas, das du hier über Gott erfährst?
- Welche Erlebnisse hast du mit sehr konkretem Gebet an entscheidenden Stellen in deinem Leben gemacht?

Berührt

Berührt

Haptisch-kinästhetischer Lerntyp. Tommy studiert Physik und Deutsch auf Lehramt, als er in einem Fachbuch über diesen Ausdruck stolpert. Eigentlich stolpert er gar nicht darüber, sondern er „begreift" ihn – zum ersten Mal. Mit jedem Wort, das er anschließend liest, wird ihm klarer: Das bin ich. „Der haptische Lerntyp lernt am besten über den eigenen Tastsinn, also das Anfassen von Dingen." Das war bei ihm schon immer so. Ausführliche Erklärungen ermüdeten ihn extrem, aber wenn er etwas in die eigenen Hände nehmen konnte, verstand er es meistens.

Leider war er mit seiner Wissbegier und dem Drang, alles in die Hand zu nehmen, nicht immer auf Gegenliebe gestoßen. Als kleiner Junge dachte er bereits, dass er „Otommy" hieße, denn immer wieder, wenn seine Eltern ins Zimmer kamen oder in die Ecke, in die er sich verzogen hatte, riefen sie „O Tommy!", sobald sie ihn sahen.

Als er zwei Jahre alt war, wollte er wissen, was auf dem Grund des Honigglases war, und leerte es dazu auf den Wohnzimmerteppich; mit vier hatte er entdeckt, dass man den Staubsaugerbeutel herausnehmen und so ganz einfach sehen konnte, welche Schätze sich darin sammelten; mit sechs – daran konnte er sich gut erinnern – hatte er die Buffetuhr im Esszimmer mit dem Schlüssel aufgezogen, weil sie stehengeblieben war. Leider lief sie nicht wieder an. So öffnete er vorsichtig die Rückseite, sah das Uhrwerk und holte sich einen Schraubenzieher, um es einmal näher anzuschauen. Es war schon dumm, dass seine Mutter ausgerechnet in dem Moment hereinkam, als die voll aufgezogene Uhrfeder jedes einzelne Zahnrad aus dem Werk mit immenser Kraft durchs Zimmer katapultierte. „O Tommy!", hieß es einmal mehr.

Er war ein mittelmäßiger Schüler. Tafelbilder abmalen reichte ihm nicht zum Verstehen, und wenn er beim Zuhören seinen Radiergummi in der Hand knetete, hieß es nur: „Spiel nicht immer rum." Dass das genau sein Lernweg war, wusste er noch nicht. Dafür hatte er bald seinen Ruf als Draufgänger, denn während andere über eine Chili-Challenge nur nachdachten, probierte er sie einfach – auch wenn er schwitzte wie verrückt und anschließend drei Stunden lang kein Gefühl mehr in der Zunge hatte.

Seit dem Studium ist auch privat Bewegung in Tommys Leben gekommen. Er hat Finn im Studium kennengelernt und die beiden verbringen jede freie Minute miteinander. Da ist zu Beginn nur ein Problem. Finn hat ihm nämlich erklärt, dass er Christ ist. „Na und, das bin ich auch." „Cool, dann kannst du ja sonntags mit in die ‚Church' kommen." Schnell hat er realisiert, dass es Finn nicht genügt, an Weihnachten einen Gottesdienst zu besuchen – er ist fast jeden Sonntag da und trifft sich auch ansonsten mit Leuten aus seiner Church, wie er diese Kirche nennt. Weil Tommy gern hinter die Kulissen schaut und Dinge ausprobiert, ist er dabei.

Die Gottesdienste sind okay und Finns Freunde sind schwer in Ordnung, aber einen richtigen Zugang findet Tommy nicht zu dieser fremden Welt. Er merkt schon, dass Finn leicht enttäuscht ist, aber Lobpreismusik ist nicht seine erste Wahl und eine halbe Stunde lang der Predigt zuhören auch nicht. Trotzdem überlegt Tommy, dass er das tun möchte, was in der Church „Jesus nachfolgen" genannt wird, aber dazu will er noch mehr verstehen: Wie soll dieser Weg zu Jesus aussehen, von dem er immer wieder hört?

Eine Woche später feiert die Gemeinde Abendmahl. Finn hat vorher gemeint: „Wenn das nicht dein Ding ist, dann kannst du es auch einfach skippen. Aber schau selbst." Das tut Tommy und merkt plötzlich, wie sein Herz aufgeht. Als der Pastor davon erzählt, dass Jesus für alle Menschen gestorben ist und sein Leben weggegeben hat, ist es dieselbe Botschaft wie sonst. Aber als er ein Brot zerbricht und Tommy es in den Mund nimmt, als er ein Glas Traubensaft dazu trinkt, begreift er plötzlich, dass es wahr ist. Was hat der Pastor vorher noch einmal gesagt? „Schmeckt und seht, wie gut der Herr ist."

Um ihn herum herrscht ehrfürchtiges Schweigen, aber Tommy muss gerade lachen vor Freude. Ich verstehe immer noch nicht mehr, aber jetzt ‚begreife' ich es wenigstens, denkt er. Ein Hoch auf die Haptiker und ein weiteres Hoch auf das Abendmahl. Mein Herr und mein Gott!

...

Im Original geht es um den einzigen Jünger, der sprichwörtlich geworden ist: als „ungläubiger Thomas". Dabei zweifelt er zwar, ist aber kein Zweifler, der sich im Hinterfragen gefällt. Stattdessen ist er loyal, sucht immer wieder die Nähe von Jesus und sehnt sich nach der „berührenden" Begegnung mit ihm. Du findest seine Geschichte verteilt bei Johannes, zum Beispiel in Kapitel 14, Vers 1-7 und vor allem in Kapitel 20, Vers 24-29.

Dein eigener Zugang zur Geschichte:

- Wie gehst du mit deinen Zweifeln und Fragen um – besonders, wenn sie sich um Gott drehen?
- Fallen dir neben dem Abendmahl noch weitere Berührungspunkte zum Glauben auf, die Gott für alle bereitstellt, die etwas zum Anfassen brauchen?
- Ist diese Art der Erkenntnis ein Glaube zweiter Klasse? (Lies dazu Johannes, Kapitel 20, Vers 29.)
- Was berührt dich? Wie erlebst du Gott besonders intensiv?

Rien ne va plus

Rien ne va plus

„Wusstest du übrigens, dass Burnout keine Krankheit ist? Strenggenommen gibt es ihn gar nicht." Hannes seufzt. Wieso muss seine Schwester ausgerechnet heute die Oberlehrerin geben? Soll er jetzt etwa aufspringen und brennend vor Tatendrang zur Arbeit fahren? Soll er die letzten Monate einfach als das abschütteln, was sie demnach sind: Einbildung? „Herr, schenke ihr die Gabe der Sprachlosigkeit", betet er halb im Spaß, aber er lacht nicht darüber. Er wünscht sich nur, dass sie nie erleben muss, wie es ihm gerade geht.

Früher hatte er einen Spruch über seinem Schreibtisch hängen – so einen, wo Konfuzius darunter steht, obwohl niemand weiß, von wem er ist: „Wenn du liebst, was du tust, wirst du nie wieder in deinem Leben arbeiten." Das war sein Motto. Und er liebte, was er tat. Unternehmenskommunikation für einen regionalen Energieversorger. Er arbeitete eng mit den Chefs zusammen, strickte mit an ihrer Kommunikationsstrategie, vertrat die Firma auf Messen und in Vertragsgesprächen, war auf Twitter, Facebook, Insta und TikTok zu Hause. Wenn er nachts um halb eins noch mal eben seine Mails checkte und Instagram-Kommentare beantwortete, machte ihm das Spaß.

Heute könnte er Konfuzius vierteilen – mit dem Spruch hatte er das schon gemacht. Hannes stöhnt und seine Schwester schaut ihn fragend an. „Wie konnte ich nur so blöd sein, so lange über meine Kräfte zu leben?", fragt er mehr sich als sie. Monatelang hatte er nur Möglichkeiten gesehen und keine Grenzen. Hatte abends länger gearbeitet, um dann morgens seinen Wecker eine Stunde früher zu stellen. Die Podiumsdiskussion hatte dann das Fass zum Überlaufen gebracht. Als einziger Vertreter der Energiebranche war er gegen sieben Politiker, Umweltaktivisten und Bürgerrechtler angetreten mit vierhundertfünfzig Leuten in der Volkshalle, die auch nicht auf seiner Seite waren.

Hannes hatte gekämpft wie ein Löwe, in einem Moment sachlich argumentiert und sein Gegenüber im nächsten lächerlich gemacht und verbal in der Luft zerrissen. Er hatte den Saal zum Kochen gebracht und die Zuhörenden überzeugt.

Auf dem Heimweg hatte ihn eine seiner schärfsten Gegnerinnen kurz angezischt: „Das wird ein Nachspiel haben!“ Solche Äußerungen waren ihm nicht neu, doch in dieser Nacht schlief er schlecht. Am nächsten Tag ging bei ihm gar nichts. Die Schwerkraft betrug gefühlt tausend Prozent mehr als sonst, er konnte nicht einmal aufstehen. „Mir ist heute nicht gut. Ich nehme mir den Tag frei“, rief er im Büro an. „Na klar“, hieß es. „Erhol dich gut und … Glückwunsch noch einmal: War eine tolle Performance gestern!“

Doch es wurde nicht besser. Seine Kraft war wie ausradiert, Kaffee regte ihn nicht an, sondern erzeugte Übelkeit, an Arbeit war nicht zu denken. Aus einem Tag wurden mehrere und schließlich Wochen. An Sprüche wie „Ruh dich einfach aus. Das wird schon wieder. Morgen bist du wieder der Alte“, glaubte er schon längst nicht mehr.

Das Internet sagte: „Burnout.“ Der Hausarzt sagte: „Erschöpfungsdepression.“ Hannes sagte: „Scheiße.“

Irgendwann ertappt er sich dabei, wie er Suizidmethoden googelt und ernsthaft darüber nachdenkt, welcher Medikamentencocktail wohl am besten wirken würde. Als ihm das bewusst wird, wechselt er die Seite und sucht: „Auszeit, Reise, Meer". Er muss dringend raus. Den ersten Impuls, den Jakobsweg zu wandern, verwirft er direkt wieder: zu schnell wäre er bei über siebenhundert Kilometern wieder beim Organisieren und Leisten, und beides geht gerade nicht. Aber dann findet er das Richtige: Ein kleines Häuschen auf einer Nordseeinsel. Im Februar ist es da menschenleer. WLAN ist ein Fremdwort. Er kann dort spazieren gehen und sich vom Winterwind durchpusten lassen – nicht mehr, aber auch nicht weniger. Hannes packt den Koffer und fährt.

Die Stille auf der Insel ist nicht so angenehm wie erhofft. Er denkt: Ich bin mal ganz leise und lasse Gott reden. Tatsächlich hört er von Gott kein Wort, dafür wirbeln seine Gedanken im Kreis herum: Was ist, wenn ich nicht mehr gesund werde? Wie komm ich möglichst schnell zu meiner alten Leistungsfähigkeit zurück? Wo bin ich überhaupt falsch abgebogen?

Unzählige Runden dreht er auf der überschaubaren Insel, aber irgendwann hockt er sich beim Spazierengehen in den Windschatten einer kleinen Naturhöhle und sagt: „Okay, Gott, du bist hier und ich bin hier. Was machen wir zwei jetzt miteinander? Geht es irgendwie weiter …?"

…

Viele Menschen machen wenigstens einmal im Leben die schockierende Erfahrung, dass Erschöpfung oder Depression sie völlig aus dem Spiel nehmen. Das ist nicht neu. So ging es auch dem Propheten Elia, der das Vorbild für diese Story ist. Seine Geschichte steht in 1. Könige, Kapitel 19.

Dein eigener Zugang zur Geschichte:

- Wie gehst du mit Bibelversen wie 1. Thessalonicher, Kapitel 5, Vers 17 um: „Betet unablässig!"?
- Wie kommt man trotz eigener Probleme zu solch einer Perspektive und Berufung wie Hannes?
- Welche Form könnte ein „Leben fürs Gebet" bei dir annehmen, ohne dass du dich völlig verbiegen müsstest?
- Glaubst du, dass sich gelebte Frömmigkeit über die Generationen weitergeben lässt? Wie könnte das geschehen?

Gegeben und vergessen

Gegeben und vergessen

Glockenhelles Lachen ertönt auf dem Gang. Johanna weiß genau, wie es jetzt weitergehen wird. Erst einmal öffnet sich schwungvoll die Tür, dann schwebt ein breites Lächeln herein, an dem Peggy hängt. Sie kommt zwar zu spät zur Besprechung in der Kirche, aber es ist ihr egal. Zielsicher geht sie mitten in den Raum hinein und nimmt ihn quasi ein. Bis dahin hat sie jede einzelne Person darin angesehen und gegrüßt. Erst als alle wahrgenommen haben, dass sie da ist, ist sie auch wirklich angekommen. Peggy hat das, was man im besten Sinne als Präsenz bezeichnet. An ihr führt kein Weg und kein Blick vorbei.

Johanna lächelt. Früher hätte sie dieses Auftreten getriggert. Sie hätte sich darüber geärgert, dass Peggy nicht so hineinkommen kann wie sie selbst, auch wenn sie ihr das nie im Leben sagen würde. Falls Peggy einmal zu spät kommt, drückt sie sich leise zur Tür hinein, schließt diese praktisch lautlos und lässt sich unauffällig auf einen Stuhl in der letzten Reihe gleiten. Kein Wunder, dass sie manchmal als Feedback erhält: „Warst du eigentlich auch da?"

Sie denkt an das letzte Klassentreffen. Freudig ging sie auf Maria zu, die sie seit zehn Jahren nicht mehr gesehen hatte. In der Oberstufe saßen sie sogar nebeneinander. „Hallo Maria", grüßte sie die alte Bekannte. Kein Erkennen ging über deren Gesicht. „Sorry", meinte Maria. „warst du auch in unserer Klasse? Ich kann mich gar nicht erinnern …"

Das war schon bitter, aber im Großen und Ganzen hat Johanna sich daran gewöhnt, dass sie zu den Menschen gehört, deren Gesicht man wieder vergisst, noch bevor sie richtig aus dem Raum sind. Wenn Peggy präsent ist, dann bin ich unauffällig, denkt sie. Irgendwas zwischen unauffällig und unsichtbar. Aber das bedeutet nicht, dass sie selbst nicht sehr genau wahrnimmt, was um sie herum geschieht. Ihre Augen sind immer offen, und sie sieht, wo sie helfen kann.

Beim Treffen in der Gemeinde werden auch Arbeitsbereiche vorgestellt, die gerade zu besetzen sind. „Kann sich jemand von euch vorstellen, ins Gottesdienstteam zu kommen?", fragt Thomas, ihr junger Pastor, gerade. „Wir suchen noch jemanden zum Moderieren." Sein Blick gleitet durch die Reihen. An Peggy bleibt er hängen, an Johanna geht er ungebremst vorbei. Dabei steht Johanna beruflich oft vor Menschen, als Personalerin in der Krankenkasse hat sie viel mit Schulungen zu tun, „nach denen sich die Teilnehmenden an die Inhalte, aber nicht an mein Gesicht erinnern", sagt sie sich leise. Tatsächlich meldet sich Peggy.

„Mag noch jemand von euch im Willkommenscafé für die Geflüchteten mitarbeiten?", ist die nächste Anfrage. Sofort geht Johannas Hand hoch. Essen einkaufen, Tische decken, Leute abholen und wieder heimbringen, einfach da sein und zuhören – all das liebt sie. Früher kam ihr das zweitrangig vor, viel unwichtiger als andere Tätigkeiten, doch nachdem sie letztes Jahr einen Gabentest ausgefüllt hat, merkt sie, dass es kein Zufall ist, dass sie das kann. Gott hat ihr die Fähigkeit gegeben, andere zu unterstützen und für sie zu geben.

Was sollte ich sonst mit dem vielen Geld anfangen, das ich verdiene, denkt sie kurz. Johannas Mann verdient als Politikberater ebenfalls gut, so ist sie kaum auf ihr Einkommen angewiesen. Sie weiß schon, dass Simone als Caféleiterin darauf achtet: „Wenn du etwas fürs Café einkaufst, dann reich auf jeden Fall den Kassenzettel ein, damit du dein Geld zurückbekommst." Sie grinst jetzt schon. Sie wird brav „Ja!" sagen und den Bon zerreißen. Unwichtig.

Mehr und mehr hat sie bei ihrem Einsatz den Eindruck, dass sie nicht nur Menschen hilft, sondern Jesus selbst unterstützt. So wie noch ein paar andere in der Gemeinde. Sie bilden inzwischen so etwas wie ein Support-Team und das tut ihnen gut. Untereinander müssen sie sich nichts erklären, weil sie ähnlich ticken. Außerdem können sie so wesentlich mehr erreichen; wenn eine Aufgabe zu groß für eine allein ist, dann stimmen sie sich kurz über ihre WhatsApp-Gruppe ab und finden eine gemeinsame Lösung.

„Weiß eigentlich jemand in der Gemeinde, dass es uns gibt?", fragt Geli, als sie nach dem Treffen über das Café sprechen. Johanna schüttelt den Kopf. „Nein, noch sind wir undercover." „Das kann auch so bleiben – ist mir ganz recht", antwortet ihre Freundin. Stimmt, denkt Johanna, Gemeindearbeit ist auch spannend, wenn man nicht vorne steht.

...

Wer die Truppe der Nachfolger von Jesus auf die zwölf Jünger reduziert, übersieht viele am Rande, die eine wichtige Rolle spielen. Sie unterstützen die Gruppe finanziell, mit einer Unterkunft, durch Kontakte, eben „mit dem, was sie besaßen". Eine von ihnen war Johanna, die Frau von Chusa, die zweimal erwähnt wird, in Lukas, Kapitel 8, Vers 1-3, und in Kapitel 24, Vers 10.

Dein eigener Zugang zur Geschichte:

- Kennst du Menschen wie Johanna? Welche Rolle spielen sie in deiner Kirche oder Gemeinde?
- Hast du einmal einen Gabentest gemacht? Was ist dabei herausgekommen?
- Wie gehst du damit um, wenn dich andere übersehen – als Person oder bei dem, was du tust?
- Denke einmal an deine Gemeinde. Wo gibt es da Menschen oder Projekte, die Unterstützung brauchen?

Ich doch nicht

Ich doch nicht

„Der ist aber jung. Ob er überhaupt schon achtzehn ist?" Das habe ich gehört, denkt Marc. Und ja, ich bin schon volljährig – mehr als ein Jahr, denn immerhin bin ich neunzehn. Er versucht, ruhig zu bleiben, während er durch den Mittelgang der Kirche nach vorne geht. Ob es nicht doch eine Schnapsidee war, heute zu predigen?

Alles hatte vor sechs Wochen angefangen. Christof war nach dem Gottesdienst auf ihn zugekommen, der Pastor ihrer kleinen Freikirche. „Hey Marc, ich habe einen Anschlag auf dich vor." „Nur raus damit, ich sag schon nein, wenn's nicht passt", hatte er geantwortet. „Ich habe dich vor Kurzem beim Männerabend erlebt, wie du von deiner Irlandtour erzählt hast, Highlights von der Reise und etwas über die keltischen Christen berichtet hast und vor allem, wie du Gott in diesen Wochen auf der grünen Insel begegnet bist. Ich war beeindruckt. Du hast eine Gabe, so zu reden, dass andere dir gern zuhören. Und dabei hast du wirklich etwas zu sagen." „Danke."

Christof ist aber noch nicht fertig. „Kannst du dir vorstellen, so etwas ähnliches auch mal in einem anderen Rahmen zu erzählen?" „Klar, woran denkst du denn?" „An den Gottesdienst in sechs Wochen." Peng. Damit hat Marc nicht gerechnet. „Äh", stottert er, „das meinst du jetzt nicht ernst, oder?" „Das meine ich völlig ernst", antwortet sein Pastor.

Erst schmeichelt es Marc, dass der Ältere solch ein Vertrauen in ihn hat, dann schimpft er sich selbst einen Verrückten, weil er weder Theologe ist noch irgendwelche Predigterfahrungen hat. Überhaupt ist er erst neunzehn und so sagt er entschlossen: „Das kann ich mir nicht vorstellen. Ich kann nicht gut reden, denn ich bin zu jung."

Christof lächelt ihn offen an. „Na und?" Etwas mehr Durchschlagskraft hätte sich Marc bei seinem Argument schon vorgestellt. Der Pastor sagt ihm einfach: „Weißt du, irgendetwas spricht immer dagegen. Du bist zu jung, hast zu wenig Erfahrung und hast gerade den Älteren in der Gemeinde nichts zu sagen." Marc nickt eifrig. „Nimm mich. Ich bin gerade sechzig. Ich bin zu alt, habe zu viele schlechte Erfahrungen gemacht und so wenig Überschneidungen mit den jungen Leuten in der Gemeinde, dass ich ihnen nichts zu sagen habe." Marc schüttelt den Kopf. „Stimmt doch gar nicht. Wir hören dir gern zu, weil du auf jeden Fall etwas zu sagen hast – und vielleicht auch, weil du dich nicht anbiederst und nicht versuchst, einen auf jung zu machen."

„Deshalb habe ich auch noch nicht aufgehört zu predigen", grinst Christof. „Wie gesagt: Irgendetwas spricht immer dagegen. Aber die wichtigste Komponente für mich ist, was Gott vorhat. Und solange er möchte, dass ich den Mund aufmache, tue ich das."

Marc schluckt. „Und du meinst, Gott möchte, dass ich eine Predigt halte?" „Ganz langsam. Das habe ich nicht gesagt. Zunächst einmal kann *ich* es mir gut vorstellen. Und ich lade dich ein, Gott zu fragen, was er davon hält."

Sehr nachdenklich kommt Marc an diesem Tag nach Hause. Was Gott wohl möchte? Er schlägt seine Bibel auf und liest darin – eine Antwort findet er nicht. Er betet und fragt Gott konkret: „Soll ich Christof zusagen? Möchtest du, dass ich predige?“ – eine Antwort bleibt aus. Soll ich das Ganze selbst entscheiden? Gott lässt mir ja Freiräume, in denen ich mich bewegen kann. Vielleicht gehört diese Frage dazu? Marc ist sich nicht sicher. Diese Unsicherheit begleitet ihn auch noch ein paar Tage, aber irgendwann wacht er morgens mit der Frage auf: Warum eigentlich nicht? Ich habe definitiv etwas mit Gott erlebt und kann es erzählen. Was ich nicht erlebt habe, brauche ich nicht zu berichten.

Er greift zum Handy, sucht in seinen Kontakten nach Christof und ruft ihn an. „Ich fühle mich immer noch unsicher dabei, aber ich mach's.“ „Wow, das freut mich. Kann ich dich irgendwie unterstützen?“ „Sehr gern!“, antwortet er aus ganzem Herzen. Zweimal verabreden die beiden sich und Marc kann Christof fragen, wie der vorgehen würde, doch sein Pastor fragt mehr zurück, als dass er Antworten gibt. „Es soll schließlich deine Predigt sein“, meint er, „und nicht meine, die du vorliest.“

Am vereinbarten Predigtsonntag ist Marc so aufgeregt wie selten – das mündliche Abi damals war ein Klacks dagegen. Und dann hört er auch noch den Kommentar über sein Alter. Aber noch während er weiter zur Kanzel geht, sagt er sich: Ich kann hier sowieso keinen Menschen verändern – und das werde ich auch in zwanzig Jahren nicht können. Er schickt noch ein Stoßgebet nach oben und bittet, dass Gott ihn trotzdem gebraucht. Dann lächelt er in den vollen Gemeindesaal. „Guten Morgen …“

…

„Ich bin zu jung", findet auch Jeremia, der bekannte Prophet aus dem ersten Teil der Bibel. Sein Gespräch mit Gott findest du in Jeremia, Kapitel 1, Vers 4-8.

Dein eigener Zugang zur Geschichte:

- Warum fühlst du dich für Aufgaben qualifiziert oder eben nicht?
- Wie gehst du damit um, dass du zu jung, zu alt, zu weiblich, zu arm, zu sonstwas bist, um etwas bewegen zu können?
- Was kannst du? Was willst du? Wofür schlägt dein Herz?
- Wie kannst du anderen helfen, ihre inneren Grenzen zu überspringen?

Bruder des heiligen Alltags

Bruder des heiligen Alltags

„Zimmer in christlicher WG zu vermieten. WLAN, Heizung und Mentoring inklusive. Miete VHB.“ Was ist das denn? Nathanael muss zweimal hinschauen. Wo gibt es denn so etwas? Er ist frisch eingeschrieben ins Theologiestudium im ehrwürdigen Tübingen. Eine tolle Unistadt, findet er, wenn man nicht gerade ein bezahlbares Zimmer sucht. Eben war er schon über einen Tiefpreis gestolpert: „WG-Zimmer 20 Euro“. Er glaubte zwar nicht daran, klickte das Angebot aber trotzdem an. Die zwanzig Euro stimmten – allerdings war es die Tagesmiete. Und nun sieht er hier eine neue Chance.

Was hat er zu verlieren? Er ruft die angegebene Nummer an und hört ein freundliches „Hallo-o!“ mit Betonung auf dem doppelten O. „Hi, ich bin Nathanael, frisch in Tübingen und suche ein WG-Zimmer. Ist das bei euch noch frei?“ Ein bisschen ärgert er sich über sich selbst, dass er es nie hinbekommt, andere Leute entweder zu duzen oder zu siezen, stattdessen eiert er mit „man“ und „euch“ herum. Sein Gegenüber scheint es nicht zu stören. „Das Zimmer ist noch zu haben. Komm gern heute Abend um sechs vorbei, dann besichtigst du das Zimmer und wir dich.“

Abends sitzt er beim seltsamsten Besichtigungstermin seines zwanzigjährigen Lebens. Seine sechs Vielleicht-Mitbewohner quetschen ihn auf freundliche Weise aus, und der Vermieter tut es ihnen gleich. Ein seltsamer Vogel, denkt Nathanael. Er muss gut fünfzig sein, hat eine leicht zottelige, graue Mähne, die klarsten blauen Augen, die er je gesehen hat, läuft barfuß herum und trägt eine Art Mönchskutte. „Ich bin der Rainer“, hat er ihn vorhin an der Haustür begrüßt. Rainer zeigt ihm das Zimmer – einen Altbautraum von bestimmt sechzehn Quadratmetern – und erklärt ihm: „Wir sind schon ein besonderer Haufen, aber du scheinst gut zu uns zu passen. Wir leben hier in einem Mix aus WG und Kommunität. Jeder kann sich zurückziehen, wenn er möchte, aber wir machen vieles zusammen: essen, beten und auch ein paar Arbeiten in Haus und Garten. Dafür kostet dich die Miete nur zweihundert im Monat, wenn das für dich okay ist."

„Okay? Das wäre ein Traum." Sie unterhalten sich noch ein wenig, schlagen schließlich ein und Nathanael wird der Neue im Bunde im „Orden des heiligen Alltags", wie die anderen ihre WG nennen.

Schnell findet er heraus, dass diese WG ihren Ruf in der Umgebung weghat. Für die einen sind sie fromme Spinner, andere erklären: „Sehr seltsame Typen, vor allem dieser Rainer, aber die haben das Herz am rechten Fleck." Rainer war wohl früher mal in einer Art Kloster gewesen, das hat ihn geprägt, seine Kutte zum Beispiel legt er praktisch nie ab. Nun lebt er schon seit Jahren als Single in dem Haus, das er von seinen Eltern geerbt hat. Eine Arbeit hat er nicht, aber er scheint finanziell unabhängig zu sein und ist immer beschäftigt. Mal hackt er dem Nachbarn Holz, dann kauft er für die Rentnerin gegenüber ein, oft ist er in der Stadt unterwegs zum Predigen. Nathanael befürchtet erst, dass er so ein Schreihals ist. „Stehst du dann auf einer Kiste und verkündest das Weltende?", fragt er ihn direkt, aber Rainer lacht sich tot, als er das hört. „Nein, ich habe eine Ecke auf der Neckarinsel, wo ich regelmäßig bin. Da kommen Leute hin, die mich hören möchten, Studis, Professoren, Geschäftsleute, Fromme und weniger Fromme. Ich erzähle ihnen von Gottes Liebe und wir reden darüber, wie man als Christ in der Gesellschaft leben kann. Laut bin ich da nur einmal geworden: als so ein Würdenträger gemeint hat, dass es richtig wäre, die Obdachlosen aus seinem Kircheneingang zu vertreiben, weil sie die Gottesdienstbesucher stören würden. Kannst du dir das vorstellen? Ich habe ihn eine falsche Schlange genannt und es hat mir noch nicht einmal leidgetan. Da musste ich einfach Farbe bekennen!"

Rainer ist ein echter Paradiesvogel. Der „Bruder des heiligen Alltags" lebt sehr einfach und bodenständig. Er ist für andere da und investiert auch einiges in seine Jungs aus der WG. Andererseits predigt er regelmäßig öffentlich, tauft ab und zu jemanden im Neckar, läuft in seinem seltsamen Outfit durch die Stadt und lässt sich den Mund nicht verbieten, wenn er irgendwo Ungerechtigkeiten erlebt. Da kann er sich schon ereifern. Als zum Beispiel ein Asylbewerber im Bus ohne Fahrschein erwischt wird, weil er sein Sozialticket noch nicht beantragt hat, diskutiert er mit dem Kontrolleur und zahlt den Fahrpreis. „Bußgeld? Vergiss es!", sagt er dem Beamten, „in meiner Bibel steht: ‚Habt die Fremden lieb!' nicht: ‚Zockt sie ab!' "

Nathanael findet nicht alles super, was in seiner WG passiert, aber in diesem Moment ist er stolz auf Rainer. „Er ist eine Stimme für andere – wie so ein alter Prophet."

...

Gottes Paradiesvögel haben das Potenzial, prophetisch zu sein oder einfach nur peinlich. Aber es gab diese besonderen Menschen schon immer, wie zum Beispiel den Heuschrecken essenden Johannes den Täufer in seinem Kamelhaarmantel. Seine Originalgeschichte beginnt in Matthäus, Kapitel 3.

Dein eigener Zugang zur Geschichte:

- Wann sind dir andere Christen peinlich? Wann freust du dich, dass sie ihren Glauben offensiv leben?
- Kennst du christliche Paradiesvögel wie Johannes?
- Was war das Besondere an Johannes' Botschaft? Wem predigte er was?
- Wie verhältst du dich, wenn du Ungerechtigkeiten siehst, die weder dir noch Gott gefallen?

Revolution

Revolution

„Danke schön! Vielen Dank! Es hat so eine Power, unseren Gott gemeinsam zu preisen. Bis zum nächsten Mal!" Mirjam und Maike winken noch einmal in den vollen Saal, dann gehen sie mit Arne, Mike und Carola von der Bühne.

Schon auf dem Weg zur Umkleide, auf der groß „M&M" steht, legt Maike los: „Also weeßte, det mit der Power kannste den annern vakoofn, aba nich mir. Was'n los mit dir?" Mirjam schaut verkniffen. „Magste nich reden?" Mirjam sieht ihre Freundin und Mit-Frontfrau der Band an. Sie liebt deren Berliner Schnauze und ihre direkte Art, aber heute kann und will sie nicht reden. „Bei der Bandprobe – okay?"

Freitagnachmittag ist es so weit. Die fünf treffen sich bei Carola daheim – die wohnt mit ihrer Familie im eigenen Haus und hat den ausgebauten Proberaum der Band im Keller. Nacheinander trudeln sie ein, schnappen sich ein Wasser, hocken sich an ihre Plätze und wärmen sich und die Instrumente schon einmal auf. Gitarre, E-Piano und Saxofon sind nicht unbedingt die typischste Lobpreisbesetzung, aber zusammen mit Maikes strahlendem Sopran und Mirjams rauchiger Altstimme liefern sie einen unverwechselbaren Sound ab.

Nachdem sie sich erst einmal eingegroovt haben, spielen sie ein paar Stücke durch, arbeiten an einem neuen Song und schließlich zieht ihnen Arne den Stecker. „Feierabend, Leute!" Nun folgt noch der gemütliche Teil. Manchmal hocken sie einfach zusammen und manchmal trinken sie ein Glas Wein und bestellen sich noch eine Pizza zum Start ins Wochenende.

Diesmal sitzen sie nur beisammen und Mirjam ergreift direkt das Wort. „Leute, ich habe den Eindruck, dass sich bei mir was ändert. Ich bin schon eine Weile unzufrieden mit unserem Lobpreis und meinem Anteil daran." Befriedigt nippt Maike an ihrem Wasser und meint: „Ick habs jewusst." Mike kommt gleich auf den Punkt: „Und nun willst du aufhören?" Mirjam schaut in die Runde. „Tatsächlich hatte ich das überlegt, aber das will ich eigentlich nicht. Es ist nur so: Seit es auf Weihnachten zugeht, werde ich zunehmend allergisch auf diese Kind-in-der-Krippe-Lieder." „Schon, weil du selbst schwanger bist, oder?", wirft Carola lächelnd ein. „Vielleicht. Aber dazu kommt, dass auch die Lieder, die wir sonst singen, so wenig mit mir und meiner Wirklichkeit zu tun haben. Da geht es um strömende Gnade, den heiligen König, vollkommene Hingabe, den Löwen von Juda und einen Gott, der von oben herab aus dem Himmel regiert. Versteht mich nicht falsch, nichts davon ist verkehrt, aber es ist eben nur ein Teil der Wirklichkeit – und immer weniger von meiner."

„Aber so ist Lobpreis eben", meint Mike beinahe trotzig. „Dass er so ist, weiß ich auch", findet Mirjam, „meine Frage ist, ob er so bleiben muss." „Wat stellste dir denn vor?", fragt Maike.

Mirjam nimmt sich die Gitarre und erklärt den anderen: „So etwas in der Art – aber legt's nicht auf die Goldwaage, da ist noch nichts fertig, weder der Song noch meine Gedanken dazu." Wie so oft auf der Bühne schließt sie ihre Augen und singt vom Jubel über Gott, von dem Großen, was sie mit ihm erlebt hat, aber bevor das Lied endet wie die meisten Lobpreissongs dreht es eine inhaltliche Kurve und Mirjam singt noch von der Ungerechtigkeit in der Welt, die Gott nicht mehr aushalten kann und eingreift, davon, dass er die Armen versorgt, den Hungernden die Hände füllt und die Reichen zur Rechenschaft zieht. Und diese Barmherzigkeit und Gerechtigkeit hat einen Namen – Jesus.

Als die letzten Töne verklungen sind, ist es still im Probenraum. „Wow!“, meint Arne. „Danke!“ Auch Maike meint: „Det war wunderschön.“ „Schon Lobpreis, aber irgendwie anders“, findet Mike und Carola wirft schon mal einen Blick in die Zukunft: „Können wir so was bei uns ins Programm aufnehmen? Wollen wir das? Für mich hört es sich so an, als wäre es mitten aus der Bibel herausgewachsen – mega kraftvoll und ermutigend.“ „Aber auch ganz schön fremd“, gibt Mike zu bedenken, „oder kennt ihr Lobpreis, in dem von Ungerechtigkeit und Hunger die Rede ist?“

„Das ist es, was mich umtreibt“, sagt Mirjam. „In der Bibel finde ich solche Gedanken. Ich persönlich beschäftige mich immer mehr damit, dass der Himmel nicht nur eine Idee für die Zukunft ist, sondern viel mit dem Hier und Heute zu tun hat. Aber in unseren Konzerten oder auch in Gottesdiensten spielt es fast keine Rolle.“ „Denn lass et doch in Zukunft ne Rolle spieln“, meint Maike. „N bissken prophetisch sein, det tut allen jut.“

...

Auch andere Schwangere haben einen neuen Blick auf Gottes Handeln gewonnen – allen voran Maria, die Mutter von Jesus. Als Vorbild dieser Geschichte hat sie beim Besuch ihrer Cousine ein Lied angestimmt, das eine starke Brücke zwischen prophetischer Sicht und Gotteslob schlägt: das sogenannte „Magnificat" in Lukas, Kapitel 1, Vers 46–55. (Es heißt übrigens so, weil mit diesem Wort die lateinische Übersetzung des Liedes beginnt.)

Dein eigener Zugang zur Geschichte:

- Gibt es Musik, die dir einen ganz besonderen Zugang zu Gott eröffnet? Welche?
- Haben Themen wie Gerechtigkeit in dieser Welt Platz im Gemeindelobpreis? Was meinst du?
- Was macht Lobpreis für dich aus?
- Welche Lobpreistexte beschäftigen dich gerade? Oder hast du eigene Texte/Lieder?

Überzeugend

Überzeugend

„Du könntest selbst am Nordpol Kühlschränke verkaufen", war ein Standardspruch von Nicks Mutter, wenn er früher mit ihr diskutierte. Schon in der Grundschule standen in seinen Zeugnissen Sätze wie: „Nick findet oft kein Ende beim Argumentieren." Als die Umschreibungen darin reinen Zahlenkolonnen wichen, rutschte die Note in „Betragen" immer mal wieder ab, dabei wollte er in erster Linie Zusammenhänge verstehen und dafür fragte er nach – auch mehrmals. Irgendwann mündete das Ganze in die Empfehlung, später unbedingt in die Politik zu gehen: „Da braucht man Schwätzer."

Wenn Nick daran denkt, tut es ihm heute noch weh. Er ist kein Schwätzer! Er redet gerne, und er kann sich ausdrücken, aber er labert nicht herum. Er denkt logisch und schnell und kann klar argumentieren. Längst hat er realisiert, dass das auf manche Menschen bedrohlich wirkt, aber als Pressesprecher einer Umweltorganisation kann er seine Fähigkeiten immer wieder voll entfalten.

Auch heute lässt er sich ein Mikrofon anstecken und begibt sich auf eine Bühne. Zusammen mit vier anderen Leuten aus Politik und Wissenschaft soll er über Zukunftsfragen reden. Streiten trifft es besser, denkt er, denn das Publikum im Saal scheint dasselbe zu sein wie vor 2.000 Jahren in den römischen Amphitheatern. Sie wollen Blut fließen sehen und unterhalten werden. Wobei das fließende Blut zum Glück bildlich gemeint ist. Es reicht im Allgemeinen, das Gegenüber in die Ecke zu treiben, es lächerlich zu machen oder deutlich zu zeigen, wie absurd seine Meinung in Wirklichkeit ist. Nick lächelt. *Meine Spezialität …*

Der Abend entwickelt sich anders als gedacht, aber in eine spannende Richtung. Die Moderatorin wirft den Gedanken einer spirituellen Verantwortung für die Schöpfung auf, und alle anderen stürzen sich darauf: „Unhaltbar“, finden sie diese Idee, „völlig veraltet“ und natürlich „unwissenschaftlich“. Nick ist nicht gläubig, aber dieses leichtfertige Abtun jedes Denkens in die geistliche Richtung findet er unmöglich. So legt er los und entlarvt die Argumente der anderen als genauso unhaltbar, völlig veraltet und unwissenschaftlich wie die angegriffenen. Als die Moderatorin den Abend beschließt, sieht er sich als Sieger nach Punkten. Das Publikum scheint das ähnlich zu empfinden, denn er erhält bei Weitem den meisten Applaus.

Eigentlich würde er jetzt gern noch weitersprechen – nicht mehr bühnenwirksam streiten, sondern sich angeregt unterhalten –, aber Nick ist heute allein unterwegs. So beschließt er, beim Italiener um die Ecke noch für sich eine Kleinigkeit zu essen, denn er hat Hunger. Vor Veranstaltungen bringt er keinen Bissen herunter. Es ist zwar schon spät, doch das kleine Lokal scheint noch voll besetzt zu sein. Gerade will er sich wieder umdrehen, als ein mittelaltes Paar ihn freundlich heranwinkt. „Wenn es Ihnen nichts ausmacht, setzen Sie sich doch einfach dazu. Die Pasta hier sollten Sie nämlich nicht verpassen.“

Die beiden sehen nett aus, und Nick sagt kurzentschlossen Ja. Er bestellt Penne all' Arrabbiata und die Nudeln sind tatsächlich sagenhaft. Vorher ordert er eine Flasche Primitivo und lädt seine beiden Tischnachbarn ein. „Nick“, stellt er sich vor. „Wissen wir – wir waren bei der Podiumsdiskussion. Sandra“, stellt sich die Frau vor und ihr Mann ergänzt: „Andreas.“ Und dann beginnt das, was Nick sich gewünscht hat. Sie unterhalten sich, sind unterschiedlicher Meinung und lachen trotzdem miteinander.

Irgendwann landen sie bei der Bühnendiskussion und Sandra meint: „Du hast den anderen eine ordentliche Breitseite verpasst." „Tun sie dir leid?", fragt Nick. „Nein, du hast schon recht gehabt. Ich fand ihre Argumente auch hohl. Aber …" „Aber was?" „Aber ich hatte den Eindruck, dass du zwar ihre atheistische Haltung demontiert hast, aber dem nichts Tragfähiges gegenüberstellen wolltest … oder konntest." „Touché!", gibt Nick zu. „So ist es." Andreas meint: „Könntest du dir vorstellen, dass diese spirituelle Möglichkeit, für die du gestritten hast, real ist und einen Namen hat? Jesus?" Nick will schon abwinken. Worte wie „unhaltbar und „veraltet" liegen ihm auf den Lippen, als ihm einfällt, dass das genau die hohle Abwehrhaltung seiner Gesprächspartner war. Eigentlich findet er die Idee interessant. Also schaut er Andreas freundlich an und sagt: „Das musst du mir erklären. Ich rede zwar vom Zehnmeterturm, aber geistlich gesehen bin ich Nichtschwimmer."

Als der Kellner vorbeikommt, sagt Nick ihm: „Noch eine Flasche Primitivo bitte, oder nein: Bring uns ein großes Wasser. Für das, was jetzt kommt, brauche ich einen klaren Kopf."

…

Apollos war ein begnadeter Redner. Durch die Begegnung mit Priszilla und Aquila lernte er Jesus kennen und lud andere danach glaubhaft zu ihm ein. Diese Geschichte des überzeugten Überzeugers steht in Apostelgeschichte, Kapitel 18, Vers 24-28.

Dein eigener Zugang zur Geschichte:

- Hast du Erfahrungen damit, konstruktiv über den Glauben zu „streiten“? Was musst du dabei beachten?
- Wie gehst du mit ablehnenden Klischees über Bibel, Kirche, Gott oder andere wichtige Fragen um?
- Wie kannst du verhindern, dich bei solchen Gesprächen in nebensächlichen Streitfragen zu verlieren?
- Kennst du Christ:innen wie Apollos, die eine besondere Gabe haben, andere zum Glauben einzuladen? Welche Unterstützung brauchen sie dabei?

Quotenfrau

Quotenfrau

Der Chef schaut Ben auffordernd an. „Es wäre der größte Deal unserer Firmengeschichte. Und er liegt jetzt in Ihrer Hand. Ich verlasse mich auf Sie, Berger." Dann geht er langsam hinaus.

Einen kurzen Moment sieht sich Ben tatsächlich als den Helden der Firma, der das schaffen könnte. Doch schon Sekunden später hat sich die Stimme des Chefs in seiner Vorstellung verändert. Jetzt klingt sie nach dem Allez-Hopp eines Dompteurs, der ihm befiehlt, durch einen brennenden Reifen zu springen – mit geschlossenen Augen – rückwärts – ohne Erfahrung. Ben seufzt. „Das schaffe ich nie." Jedenfalls nicht allein. Und im selben Moment hat er ein Gesicht vor Augen: Simone. Er könnte Simone fragen, ob sie ihn unterstützt.

Simone ist so etwas wie die gute Seele des Heizungsbauers aus dem Vogelsberg. Doch das hört sich betulicher an, als es in Wirklichkeit ist. Simone Keller ist eine Top-Ingenieurin. Sie hat in den letzten Jahren federführend an der Entwicklung einer neuen Steuereinheit für Heizungsanlagen mitgearbeitet. Wenn man sie fragt, was sie genau arbeitet, lächelt sie meistens und meint: „Ich sorge dafür, dass du nur auf den Knopf zu drücken brauchst und deine Wohnung wird genau so warm, wie du es möchtest." Die häufigste Antwort, die sie darauf erhält, ist: „Aha!" – die deutsche Version von: Ich verstehe nicht, was du meinst, aber es hört sich gut an.

In den letzten Jahren ist viel in Bewegung auf dem Heizungsmarkt. Als Folge davon ist das mittelständische Unternehmen inzwischen ein „Hidden Champion" – ein Weltmarktführer in seinem Bereich. Den größten Anteil daran hat Simone mit ihrer Arbeit. Den größten Gewinn haben ihre Chefs und die Männer um sie herum, denn die Firma ist sehr patriarchalisch aufgebaut. Als Simone sich vor ein paar Jahren beworben hatte, meinte der Seniorchef im Vorstellungsgespräch direkt: „Eine Frau? Gibt's denn keine Männer, die den Job übernehmen können?" „Schon, aber keine, die so gut sind wie ich", hatte sie damals gekontert und die Stelle bekommen.

Inzwischen ist viel geschehen, doch Simones Wunsch, allein durch ihre Leistung zu überzeugen, hat sich nicht erfüllt. Und nun steht Ben vor ihrem Schreibtisch und druckst ein wenig herum. „Ich habe da ein Anliegen." „Schieß los!" „Es geht um den Deal mit unseren Partnern in Fernost." Simone lächelt. Sie hat eine ganze Weile daran gearbeitet, ihre Steuerungseinheit so zu konzipieren, dass sie auch mit Fremdsystemen aus Asien funktioniert. Das hat hervorragend funktioniert. Tatsächlich können sie jetzt problemlos die dortigen Firmen beliefern und deren Anlagen deutlich verbessern. „Wo ist das Problem?", fragt sie Ben deshalb. „Wir haben die beste Steuerung der Welt und in China, Korea und Japan ist der Bedarf vorhanden. Du musst doch nur hingehen …"

„Genau das ist mein Problem", presst Ben heraus. „Ich kann das nicht. Nicht allein." „Ups", meint Simone, „braucht die Männerriege plötzlich weibliche Verstärkung?" Ben windet sich. „Ganz so ist es nicht …", versucht er zu erklären und schwadroniert eine Weile von technischem Detailwissen, gemeinsamem Auftreten und weiblichem Charme. Währenddessen ist es für Simone so, als würde Ben seinen eigentlichen Plan erläutern: „Ich trau mich nicht, denn ich könnte versagen. Wenn du dabei bist, dann könnte ich dir ein Scheitern in die Schuhe schieben, und wenn ich Erfolg habe, dann bleibt es mein Erfolg."

Simone lacht. Sie unterbricht damit Bens hilflose Erklärungsversuche und das, was sich gerade vor ihrem inneren Auge abgespielt hat. Sie sagt ihm zu: „Gut, ich bin dabei. Und ich bin sehr sicher, dass wir mit einem erfolgreichen Abschluss in der Tasche wieder hier landen werden. Aber eines muss dir klar sein: Wenn du allein losziehst, ist es dein Erfolg. Wenn wir gemeinsam unterwegs sind, ist es unserer. Mag sein, dass du dir das noch anders vorstellst, aber du redest nicht nur von einem Deal mit Fernost, sondern auch von einer Richtungsänderung im Vogelsberg. Wenn das für dich okay ist, bin ich dabei."

Ben zögert. Er weiß, dass Simone recht hat. Doch dann nickt er: „Ja, lass uns Weichen stellen."

...

Vorbilder für dieses zögerliche Annähern an moderne Begriffe wie Teamarbeit und Geschlechtergerechtigkeit oder auch Umsetzungsstärke sind Barak und die Richterin Debora, deren Geschichte ab Richter, Kapitel 4, Vers 1–10 beschrieben wird. Für die durchaus spannende, aber sehr blutige Fortsetzung der Story muss man eine klare Triggerwarnung aussprechen. Sie ist keine leichte Kost und als „Vorbild“ nur aus ihrem bronzezeitlichen Kontext verständlich.

Dein eigener Zugang zur Geschichte:

- Barak hat hier der Mut gefehlt. Kennst du dieses Gefühl? Wie gehst du damit um?
- Was fängst du mit einer „klaren Berufung“ an, die dir eine Nummer zu groß ist?
- Wie selbstverständlich ist es bei dir am Arbeitsplatz oder in der Gemeinde, dass Frauen leiten? Warum ist das so?
- Unter welchen Voraussetzungen können kleine Teams wie Debora und Barak optimal zusammenarbeiten?

Zwischenfälle

Zwischenfälle

Claudio geht unauffällig bei Semra vorbei. „Es ist gerade wieder passiert." „Dasselbe Bild?" „Dasselbe Bild." „Erstaunlich" meint seine Kollegin. „Müssen wir irgendwie eingreifen?" Claudio winkt ab. „Die Zentrale hat mich gerade per Funk informiert. Es ist wie bei den anderen. Nach dem großen Zusammenbruch geht's irgendwie wieder. Aber wir können noch einmal nach dem Rechten sehen."

Gemeinsam schlendern die beiden Museumsangestellten durch den Saal mit den Expressionisten, lassen die Moderne links liegen und biegen zu den zeitgenössischen Künstlern ab. Das Licht scheint museumsartig indirekt, der Saal ist fast leer, aber auf der Designerbank in der Mitte hockt ein Mann, dessen Schultern verdächtig zucken. Er weint. „Können wir Ihnen irgendwie helfen?", fragt Semra. Es dauert eine Weile, dann hebt er den Kopf. „Danke, es geht schon wieder." Als er die fragenden Blicke der beiden Sicherheitskräfte sieht, lächelt er schief. „So etwas ist mir noch nie passiert, aber ich stand hier vor dem Bild und es schien mir plötzlich so lebendig zu sein. Es sprach direkt in mein Leben hinein und ich war so berührt, dass ich mich setzen musste. Die Tränen sind nur so aus mir herausgebrochen. Aber jetzt geht es wieder."

Nach ein paar ruhigen Atemzügen erhebt sich der Besucher und geht noch einmal ganz nah zu dem Bild. Fast wirkt es so, als ob er sich verabschiedet. Dann nickt er, lächelt und geht. Er lässt Claudio und seine Kollegin ratlos zurück. Semra schaut ihn an. „Ich glaube, es wird Zeit, dass wir dem Chef Bescheid sagen." „Meinst du?" „Natürlich. Das war bereits das fünfte

Mal seit dieses Bild dort hängt – und das sind ja erst zwei Tage." „Schnick, Schnack, Schnuck?", fragt Claudio. Semra schnaubt. „Willst du darum spielen, wer von uns zum Chef geht? Das ist dein Job, Herr Oberaufseher." „Okay", sagt der resigniert. „Ich geh ja schon."

Es dauert nur ein paar Minuten, bis er wieder erscheint. An seiner Seite geht ein großer, elegant wirkender Mann mit auffällig rotem Halstuch, das genau zur Farbe seiner Brille passt. Dr. Marx lässt es sich nicht nehmen, selbst zu erscheinen. Der Direktor der Kunsthalle schaut sich das Bild an, den Platz, wo bis eben der Weinende saß, und dann fragt er die beiden Angestellten: „Sie haben gesagt, dass es nicht zum ersten Mal geschehen ist?" „Genau. Im Prinzip passiert es alle paar Stunden. Ein Muster kann ich aber nicht erkennen", meint Claudio. „Es sind Männer und Frauen, Ältere und Jüngere. Sie gehen durch die Ausstellung, entdecken das neue Bild, bleiben eine Weile davor stehen, gehen immer näher heran, als würde das Bild sie anziehen und dann brechen sie in Tränen aus." „Das wissen wir aus der Videoüberwachung", wirft Semra ein. „Sehr seltsam", schüttelt ihr Direktor den Kopf. „Sehr seltsam."

Ein paar Tage später – inzwischen ist die Zahl auf siebenundzwanzig „Zwischenfälle" angestiegen – steht Dr. Marx wieder vor dem Bild. Kopfschüttelnd blickt er es an. An seiner Seite ist ein Mann, dem man den Künstler schon von Weitem ansieht. Giorgio de Luca schaut den Direktor freundlich an: „Nein, Dottore, ich habe so etwas noch nicht erlebt. Aber irgendwie", er macht eine kleine Pause, „irgendwie kann ich mir vorstellen, was da geschieht."

Dr. Marx weist einladend auf die Designerbank, die seine Angestellten schon „Seufzerbrücke“ nennen, und die beiden setzen sich. „Wissen Sie, ich bin Christ. Jedes Mal, wenn ich ein neues Bild male, dann bete ich: ‚Gott, sprich dadurch Menschen an. Begegne ihnen. Heile ihr Herz.‘ Ich kann es mir nicht anders vorstellen, als dass Jesus genau das tut.“ Der Direktor schaut skeptisch auf den Maler, dann sieht er wieder zum Kunstwerk an der Wand. „Okay, das Bild heißt ‚Schatten Gottes‘, aber das bedeutet doch nicht, dass dieser Schatten auf jeden fällt, der es ansieht, oder?“, fragt er irritiert. „Natürlich nicht, aber wenn ich Sie richtig verstanden habe, gehen die Leute anschließend eher getröstet nach Hause – und es sind nur wenige, die diese Esperienza, dieses Erlebnis haben.“ „Nun ja, es sind doch so viele, dass wir uns überlegen, ob das Bild hängen bleiben kann. Stellen Sie sich den Skandal vor, wenn die Presse davon erfährt.“ „Welcher Scandalo? Einige weinen und alle gehen glücklich nach Hause.“

Die beiden sprechen noch eine ganze Weile miteinander. Als sich de Luca schließlich verabschiedet, sind sie sich zwar nicht einig, warum es zu diesen Zwischenfällen kommt, da aber nichts weiter passiert ist, soll das Bild hängenbleiben. Nachdenklich bleibt Dr. Marx noch auf der Bank sitzen und schaut in Richtung des Bildes. Er sieht seine Farben, seine Tiefe, schaut dem lächelnden Jesus darauf in die Augen und stellt plötzlich erschrocken fest, dass der zurückschaut. Träumt er? Nein, Jesus schaut ihn an – und jetzt beginnt er, mit ihm zu reden.

Atemlos sieht Claudio auf dem Monitor im Kontrollraum, wie sein Chef wie magnetisch angezogen auf das Bild zugeht und dann in Tränen ausbricht.

...

Bezalel war ein israelischer Künstler, der von Gott einen Sonderauftrag erhielt. Zusammen mit seinem Helfer Ohiliab sollte er das gesamte Zelt der Begegnung, die sogenannte Stiftshütte, mit allen Kunstwerken darin gestalten. Seine Berufung steht in 2. Mose, Kapitel 31, Vers 1-6. Die Umsetzung wird in den folgenden drei Kapiteln beschrieben.

Dein eigener Zugang zur Geschichte:

- Kann es so etwas wie „christliche Kunst“ geben? Eine Berufung Gottes dazu?
- Hast du schon einmal erlebt, dass Kunst im weitesten Sinne dich so angesprochen oder berührt hat?
- Gibt es Bereiche, in denen du künstlerisch oder schöpferisch tätig bist? Spiegelt sich dein Glaube in irgendeiner Form darin wider?
- Der Christ und Künstler Bruce Herman meint: „Schönheit wird dem Leid nicht übergestülpt, sondern wächst aus ihm heraus – wie der sprichwörtliche Spross aus dürrem Boden.“ Was macht für dich die Tiefe eines Kunstwerks aus?

Warum ausgerechnet ich?

Warum ausgerechnet ich?

„Das glaube ich jetzt nicht!“ Anna schaut erschreckt auf den Computerbildschirm. „Das glaube ich einfach nicht.“ Niemand reagiert darauf, was auch kein Kunststück ist: Es ist kurz vor Mitternacht und die Doktorandin sitzt allein in ihrem kleinen Büro im zweiten Stock des Uni-Altbaus. Eigentlich ist sie längst fertig mit ihrem heutigen Arbeitspensum, doch sie hat eben das Mailprogramm geöffnet und will nur kurz ihre E-Mails checken. „Noch 148 Mails checken“, summt sie vor sich hin, „nur noch kurz die Welt retten …“ Da fällt ihr Blick auf eine verstörende Nachricht.

„Ex-Liste“ lautet der Betreff, die Mail an sich ist relativ kurz. Sie richtet sich an „liebe Mitstreiter“, handelt davon, dass „alles vorbereitet“ sei und schließt mit einer antisemitischen Parole. Eben noch wollte Anna die Mail als Irrläufer löschen, aber jetzt schaut sie doch einmal in die angehängte Liste und fühlt sich dabei, als ob ihr Herz stehenbleibt. Es ist eine Namensliste. 156 Jüdinnen und Juden aus der Region stehen darauf – und zwar mit voller Anschrift und vielen persönlichen Angaben. Als Esther die letzte Spalte sieht, wird ihr schlecht. Unter dem Titel „Schwächen“ sind dort Dinge aufgelistet wie: wohnt allein, joggt jeden Morgen am Fluss, trinkt zu viel …

Wo ist sie hier hineingeraten? Und wieso bekommt sie diese Mail? Der Absender ist ihr tatsächlich nur zu gut bekannt: ihr Doktorvater, der Professor, mit dem sie zurzeit am meisten zu tun hat. Wirklich leiden konnte sie ihn noch nie, aber sie hätte es nicht für möglich gehalten, dass er *so* unterwegs ist. Die Rundmail hat er an einen verdeckten Verteiler geschickt und dafür seine Büroadresse als Hauptempfänger eingetragen – diese Mails bekommt sie als Assistentin automatisch mit ihm zusammen. Annas erster Impuls ist: Ich muss etwas tun. Das sieht nicht nach harmlosem Geplänkel aus und auch nicht nach einer ordnungsgemäßen Demo. Das riecht nach Gewalt. Ihr zweiter Impuls ist: Er darf nicht erfahren, dass ich diese Mail auch bekommen und sogar gelesen habe. Das war auf jeden Fall ein Versehen – und ich will gar nicht wissen, was mit mir geschieht, wenn er es erfährt.

Bis vor zwei Minuten war Anna hundemüde und wollte nur noch nach Hause. Jetzt rotieren ihre Gedanken und sie weiß nicht, was sie als nächstes tun soll. Ich muss mich aus der Schusslinie bringen, denkt sie, und ich muss Beweise sichern. So routiniert, als würde sie das jeden Tag machen, kopiert sie die angehängte Liste, macht einen Screenshot von der Mail und markiert sie anschließend wieder als „ungelesen". Ob das genügt? Falls der Prof seinen Fehler bemerkt, muss er die Nachricht nur löschen und sie verschwindet aus ihrem gemeinsamen Postfach.

Wie auf der Flucht bricht sie auf, fährt den Rechner herunter, löscht die Lichter, geht durchs leere Gebäude zum Parkplatz, schaut sich in alle Richtungen um – „Werde jetzt nicht paranoid!", sagt sie sich selbst, „niemand kann bis jetzt davon wissen." –, steigt in ihren alten Corsa und fährt heim.

Schlafen tut sie in dieser Nacht nur minutenweise. Immer wieder schreckt sie hoch. Trotzdem steht sie am nächsten Morgen vor dem Weckerklingeln auf und fährt zur Uni. Ihr Chef kommt ihr auf dem Gang entgegen: „Morgen, Frau Stern", begrüßt sie ihr Doktorvater. „Waren Sie gestern noch lange im Büro?" Ist da ein lauernder Unterton in seiner Stimme? Anna antwortet so locker wie möglich: „Nein, ich hatte noch was vor und bin früh heimgefahren." Er brummt nickend und geht weiter.

An ihrem Schreibtisch fährt sie zuerst den Computer hoch und öffnet das Mailprogramm. Weg. Die Mail ist verschwunden. Hat er sie gelöscht oder hat sie gestern geträumt? Sie umklammert den Stick mit ihrer Kopie und weiß: Das war kein Traum. Dann macht sie sich an die Arbeit – und irgendwie übersteht sie den Tag.

Zu Hause kocht sie sich eine große Tasse Tee und überlegt, was sie tun soll. Einen Antisemitismusbeauftragten gibt es noch nicht an der Uni. Reichen ihre Unterlagen für eine Anzeige bei der Polizei? Soll sie zum Rektor der Hochschule gehen? Oder soll sie einfach stillhalten? Vielleicht kommt es ja gar nicht so schlimm? Vielleicht findet man gar nicht heraus, dass sie eigentlich auch auf die Liste gehört: Anna Stern, Jüdin, Schwäche: an der Uni im Nebenzimmer zu finden.

Ihr ist völlig klar: Wenn sie in irgendeiner Form aktiv wird, kann sie ihre Promotion vergessen. Dann ist ihre Karriere vorbei, bevor sie begonnen hat. Anna schluckt. Das kann sie unmöglich riskieren. Gleichzeitig geht ihr ein wilder Gedanke durch den Kopf: Was wäre, wenn sie ausgerechnet wegen dieser Sache an der Uni wäre, sozusagen im Auftrag Gottes für sein Volk?

Sie überlegt hin und her und schätzt, dass ihre Ängste und Bedenken real sind. Das wird sie etwas kosten. Sie summt wieder ihren Ohrwurm aus der Uni: „Muss nur noch kurz die Welt retten …" Dann greift sie zum Telefon.

...

Zivilcourage ist niemandem in die Wiege gelegt und kostet immer Überwindung. Das erfährt auch Annas Vorbild, die alttestamentliche Königin Esther. Das gesamte Buch liest sich wie ein Krimi; die Parallele zur obigen Geschichte steht in Ester, Kapitel 4.

Dein eigener Zugang zur Geschichte:

- Warst du schon einmal in einer Situation, wo dich dein Glaube oder dein Gerechtigkeitsempfinden etwas gekostet haben?
- Fällt es dir eher leicht oder schwer, deine Stimme für bedrohte Menschen zu erheben?
- Welche Menschen oder Situationen erfordern gerade Solidarität und Unterstützung?
- Stell dir vor, Gott hätte dich mit einer bestimmten Aufgabe in deine Umgebung, Familie oder an deinen Arbeitsplatz gestellt. Was könnte das sein? Wo kannst du in deinem Rahmen etwas bewegen?

Sensationell

Sensationell

„Tschuldigung, kann ich Sie was fragen?“ Markus schaut in Richtung des Mannes, der ihn ansieht, und ahnt direkt: Presse. Inzwischen kennt er das gewollt unauffällige Verhalten, die schlampige Art, sich zu kleiden und vor allem den hungrigen Blick. „Mertens mein Name. Ich schreibe für die Zeitung, die Sie da auf dem Tisch liegen haben. Sie sind doch Markus Schmitt? Der Mann, der wieder lebt? Kann ich Ihnen dazu ein paar Fragen stellen?“

Markus seufzt leicht. Warum musste er bloß Recht behalten mit seinem Verdacht? Aber er nickt. Sofort legt Mertens los, damit er es sich nicht noch anders überlegt: „Stimmt es, dass Sie klinisch tot waren?“ „Das ist richtig“, antwortet Markus knapp, während ihn der Journalist prüfend von oben bis unten mustert. Sucht er nach Gründen seines Überlebens? Hängen vielleicht noch ein paar Krümel Unsterblichkeit in seinem Pullover? Markus muss grinsen, während Mertens nachhakt: „Da haben Sie den meisten Menschen etwas voraus. Ich kenne sonst niemanden, der ‚auf der anderen Seite‘ war und davon erzählen könnte. Was ist überhaupt geschehen?“

„Es begann eigentlich ganz banal mit einer Erkältung. Ich hatte viel zu tun, dopte mich deshalb mit irgendwelchen Medikamenten und arbeitete weiter. Irgendwann schickte mich mein Chef heim, weil er meinte, ich sähe aus wie eine lebende Leiche. Damit lag er gar nicht so verkehrt, denn inzwischen hatte ich permanent hohes Fieber und eine fette Lungenentzündung. Erst wollte ich mich in Ruhe daheim auskurieren, doch dafür war es schon zu spät. Mit jeder Stunde wurde ich schwächer und irgendwann rief meine Frau den Rettungswagen. Bevor ich abgeholt wurde, bat ich sie noch, einem Ältesten aus der Gemeinde Bescheid zu geben, damit er betete. Im Krankenhaus baute ich weiter ab, die Ärzte sprachen von ‚Superinfektion' und zahlreichen Entzündungsherden. Ich landete auf der Intensivstation, und dann setzte mein Herz aus." „Einfach so?" „Ja, einfach so – es waren wohl verschiedene Faktoren zusammengekommen. Alles gemeinsam war zu viel. Sie versuchten, mich zu reanimieren, aber es war vergeblich."

Inzwischen ist Mertens ganz Ohr. „Wie ging es dann weiter?" „In diesem Moment kam Holger vorbei." „Welcher Holger?" „Holger Fehr, er gehört zur Leitung meiner Kirchengemeinde. Er wollte für mich beten. ‚Da hilft kein Beten mehr', meinte der Oberarzt, ‚es tut mir leid, er ist gestorben.' Holger schossen die Tränen in die Augen. ‚Ich will zu ihm', forderte er, und die Schwester brachte ihn in das Zimmer, wo sie mich bereits mit dem Laken zugedeckt hatten. Holger legte mir die Hände auf und betete für mich, als plötzlich die Schwester schrie, dass sich da etwas bewegen würde. Ich hatte wieder angefangen zu atmen."

„Krass!" „Das fanden die Ärzte auch, die plötzlich in mein Zimmer strömten, als gäbe es da Freibier. Sie untersuchten mich, schlossen mich an jede einzelne Maschine an, die dort herumstand, schüttelten immer wieder die Köpfe und versicherten sich: ‚Er war tot.'"

„Und?" Mertens mustert Markus mit dem suchenden Blick, den er schon kennt. „Wie war's, tot zu sein? Was haben Sie erlebt? Gesehen? Gab es ein helles Licht? Ein besonderes Wärmegefühl? Sind Sie Gott begegnet? Erzählen Sie doch, Mann." Er ist sichtlich aufgeregt und ungeduldig.

Markus schaut einen Moment in sich hinein. Vor seinen Augen läuft die ganze Situation noch einmal ab wie im Schnelldurchlauf. Ja, er war plötzlich weg. Tot. Aber gleichzeitig war er hellwach und voll da. Niemandem hat er bis jetzt davon erzählt. Auch jetzt ist es ihm, als würde Jesus lächelnd sagen: „Sie würden es nicht verstehen und es völlig in den falschen Hals bekommen." „Bestimmt!", sagt Markus laut „Bestimmt ...?", fragt Mertens. „Ich meine, bestimmt gibt es viele Leute, die über solche Erfahrungen etwas erzählen können. Ich gehöre nicht dazu. Was ich Ihnen sagen kann, ist viel unspektakulärer: Ich war vorher schon ein Freund von Jesus und ich bin es immer noch. Ich würde alles für ihn tun. Und im Krankenhaus hat er etwas Wunderbares für mich getan. Ich bin gespannt, was er noch alles mit mir vorhat."

Mertens ist nun ernsthaft enttäuscht. Was bringt ihm eine sensationelle Story ohne Details, ohne den Blick hinter den Vorhang? „Sie müssen doch irgendetwas erlebt haben, was Sie mir noch erzählen können?", presst er heraus. Er versucht ein Lächeln – es misslingt. Markus dagegen strahlt ihn geradezu an. „Natürlich, Mann, ich war tot – und jetzt lebe ich."

...

Die Geschichte von Lazarus, dem guten Freund von Jesus, der stirbt, begraben und wieder auferweckt wird, ist eines der eindrucksvollsten Wunder in der Bibel. Johannes erzählt sie in seinem Evangelium in Kapitel 11, Vers 1-57. Und wie hier berichtet er zwar vieles, aber er lässt noch mehr aus.

Dein eigener Zugang zur Geschichte:

- Wie geht es dir, wenn du Sensationsgeschichten hörst, bei denen Gott heute Wunder tut?
- Was ist ähnlich bei der Geschichte von Lazarus? Was ist anders?
- In Jakobus, Kapitel 5, Vers 14–15 heißt es, dass Kranke über sich beten lassen sollen, damit es „besser" wird. Bedeutet das Heilung? Auferweckung? Oder gibt es auch andere Möglichkeiten?
- Was könnte Lazarus alles erlebt haben? Und warum erfahren wir es nicht?

Anhang

Personen aus der Bibel

Wenn du sehen willst, ob die Geschichte einer bestimmten Person aus der Bibel im Buch nacherzählt wird, wirst du hier fündig.

Isaak	Tinder-Kinder
Jakob	Funkstille
Jeremia	Ich doch nicht
Johanna	Gegeben und vergessen
Johannes der Täufer	Bruder des heiligen Alltags
Johannes Markus	Du schaffst das!
Jonathan	Brüder für immer
Lazarus	Sensationell
Lois	Loslassen
Maria	Revolution
Mose	Gescheitert?
Oholiab	Zwischenfälle
Priszilla	Überzeugend
Rebekka	Tinder-Kinder
Thomas	Berührt
Timotheus	Loslassen

Bibelstellen

Die folgenden Abschnitte oder Verse aus der Bibel werden entweder im Text zitiert oder bilden die Grundlagen der jeweiligen Story.

1. Mose 24	Tinder-Kinder
1. Mose 32–33	Funkstille
2. Mose 31,1–6	Zwischenfälle
5. Mose 22,22–24	Alles, nur kein Sex
5. Mose 32,52	Gescheitert?
5. Mose 34	Gescheitert?
Richter 4,1–10	Quotenfrau
Richter 6,36–40	Tinder-Kinder
1. Samuel 18–20	Brüder für immer
2. Samuel 1	Brüder für immer
1. Könige 17,1–6	Wolfsstunde
1. Könige 19	Rien ne va plus
Ester 4	Warum ausgerechnet ich?

Psalm 34,9	Berührt
Jeremia 1,4–8	Ich doch nicht
Matthäus 3	Bruder des heiligen Alltags
Lukas 1,46–55	Revolution
Lukas 2,36–37	Die lustige Witwe
Johannes 7, 53 – 8,11	Alles, nur kein Sex
Johannes 8,1–3	Gegeben und vergessen
Johannes 11,1–57	Sensationell
Johannes 14,1–7	Berührt
Johannes 20,24–29	Berührt
Johannes 24,10	Gegeben und vergessen
Apostelgeschichte 12,12.25	Du schaffst das!
Apostelgeschichte 15,37–39	Du schaffst das!
Apostelgeschichte 18,24–28	Überzeugend
1. Thessalonicher 5,17	Die lustige Witwe
2. Timotheus 4,11	Du schaffst das!
Jakobus 5,14–15	Sensationell

Schlagworte

Um welche Themen geht es in den einzelnen Erzählungen?

Abendmahl	Berührt
Antisemitismus	Warum ausgerechnet ich?
Arbeit	Wolfsstunde, Rien ne va plus, Quotenfrau
Berufung	Gescheitert?, Loslassen, Die lustige Witwe, Ich doch nicht, Zwischenfälle
Burnout	Rien ne va plus
Erfolg	Gescheitert?, Du schaffst das!
Ermutigung	Du schaffst das!
Familie	Loslassen
Frau	Quotenfrau
Freundschaft	Brüder für immer
Führung	Tinder-Kinder, Warum ausgerechnet ich?

Gaben	Gegeben und vergessen, Ich doch nicht, Quotenfrau, Berührend, Überzeugend
Gebet	Die lustige Witwe, Tinder-Kinder
Geld	Wolfsstunde, Gegeben und vergessen
Heilung	Sensationell
Kunst	Brüder für immer, Revolution, Zwischenfälle
Lernen	Berührt
Liebe für immer, Tinder-Kinder	Alles, nur kein Sex, Brüder
Mission Überzeugend	Loslassen, Du schaffst das!,
Partnerwahl	Tinder-Kinder
Prophetie Revolution	Bruder des heiligen Alltags,
Scheitern	Gescheitert?, Alles, nur kein Sex, Du schaffst das!, Rien ne va plus

Selbstgerechtigkeit	Alles, nur kein Sex
Sex	Alles, nur kein Sex
Sorgen	Wolfsstunde
Umkehr	Funkstille, Bruder des heiligen Alltags
Tod	Gescheitert?, Sensationell
Trauer	Die lustige Witwe
Vergebung	Alles, nur kein Sex
Verletzung	Funkstille
Versöhnung	Funkstille
Wunder	Wolfsstunde, Sensationell
Zivilcourage	Warum ausgerechnet ich?
Zweifel	Berührt, Revolution, Ich doch nicht

VOM GESCHICHTENERZÄHLEN

Vor kurzem kam mir ein Gedanke. Würde es einen Unterschied machen, wenn wir uns als Menschen in Kirche und Gemeinde mehr als Erzählgemeinschaft und weniger als Bekenntnisgemeinschaft verstehen würden? Wenn wir einander erzählen würden, wer wir sind, woher wir kommen, was uns geprägt hat, was uns wichtig ist und was uns wirklich Mühe macht. Wenn wir Raum schaffen würden für Fragen und Zweifel, die wir miteinander teilen und diskutieren, anstatt sofort die passende, vorgefertigte Antwort- oder Lebensschablone aus der Schublade zu ziehen. Und uns dabei immer wieder diese Geschichten aus diesem reichen und diversen Bücherregal erzählen würden, die wir die Bibel nennen. Natürlich gibt es da Gesetze, Briefe und Lehrtexte, aber den größten Teil bilden Geschichten und Gedichte und Lieder. Viele dieser Texte wurden zuerst lange mündlich überliefert, erzählt, bis sie irgendwann verschriftlich wurden. Das Erzählen ist ein wichtiges Element christlicher Überlieferung, das hier und da manchmal ein wenig verloren zu gehen scheint. Vielleicht weil man Angst hat, dass die Zuhörenden beim bloßen Hören einer Geschichte nicht zu den richtigen Schlüssen kommen würden und sozusagen die Message verpassen.

Jesus hat das den Menschen, die ihm zugehört haben, oft zugemutet. Er erzählte Geschichten, die oft direkt aus dem Alltag der Zuhörenden zu kommen schienen. Dabei aber sehr pointiert und meisterhaft verdichtet vorgetragen. Mir fällt beim Lesen dieser Kurzgeschichten auf, dass Jesus oft darauf verzichtet die Erklärung mitzuliefern. So nach dem Motto „Was möchte uns der Künstler wohl damit sagen?“. Nicht weil die Bedeutung unwichtig wäre, glaub ich, sondern weil er den Zuhörenden zutraute sich selbst Gedanken über das Gehörte zu machen. Vielleicht entspann sich auf dem Heimweg miteinander so manches Gespräch über diese Gleichniserzählungen. Vielleicht wurden da so manche Interpretationen im Unterwegs-Dialog geteilt. Vielleicht waren manchmal sogar beide richtig, oder komplementierten sich gegenseitig. Und vielleicht war diese Erfahrung des Austauschs sogar von vornherein Teil der Wirkabsicht dieser Geschichten von Jesus. Vielleicht! Mir jedenfalls gefällt diese Vorstellung sehr.

Denn ich finde es sehr hilfreich anzuerkennen, dass ich meine theologischen Überzeugungen immer auch durch die Brille meiner Biografie betrachte und beides nicht voneinander trennen kann. Meine Biografie, mein Leben und Erleben prägen meine Theologie erheblich. Oder wie es Martin Buber sehr viel treffender ausdrückt: „Die einzige Form zu lernen, besteht in der Begegnung oder auch an anderer Stelle, wo er sagt, er habe keine Lehre, sondern führe ein Gespräch. Ich lerne viel von der Perspektiven anderer Personen, die Gott und das Leben und den Glauben ganz anders betrachten als ich. Sie geben mir Impulse und Anstöße, zu denen ich für mich allein überhaupt nicht kommen würde.

Ich hoffe, die Geschichten dieses Buches stiften zum Erzählen und Lesen und Vorlesen und Weitererzählen an. Und vielleicht sogar zum Teilen der eigenen Erlebnisse, inklusive der Fragen und Zweifel und Brüche, die dieses Leben manchmal so mit sich bringt. Lasst uns das üben und ausprobieren und einander Erzähl- und Zuhörgemeinschaft sein.

DIALOG

Wir sind unheimlich unterschiedlich
Wir sehen und leben das Leben
zwangsläufig von verschiedenen
Aussichtpunkten aus und mit
diversen Perspektiven.

Manches von dem, das du beschreibst,
wenn dein Blick so in die Weite schweift
Klingt in meinen Ohren töricht,
so dass ich mitunter schnell
einfach \`Einspruch\` schreien will.

Aber vielleicht liegt da Bereicherndes bereit
in der Andersartigkeit deiner Erfahrung.
Oder da ist eine Idee, die ich bloß nicht sehe,
weil ich so verheddert bleibe
in meinem grenzgebunden Denken.

Da entsteht ein Miteinander
durch zu zweit gewanderten Weg
Erzählung wird zu Empathie,
als ich beginne zu verstehen
oder zu ahnen, wo du stehst.

Und als du endest,
sehe ich dich und du mich
und ich mich in deiner Geschichte
und vielleicht sogar kurz Gott
ein bisschen in deinem Gesicht

Marco Michalzik

MIX
Papier aus verantwortungsvollen Quellen
FSC® C014138
FSC www.fsc.org

Bibliografische Information der Deutschen Nationalbibliothek:
Die Deutsche Nationalbibliothek verzeichnet diese Publikation in der Deutschen Nationalbibliografie; detaillierte bibliografische Daten sind im Internet über http://dnb.d-nb.de abrufbar.

Gesamtgestaltung und DTP: Grafikbüro Sonnhüter,
www.grafikbuero-sonnhueter.de,
unter Verwendung eines Bildes © Diana Vasileva (shutterstock.com)
Lektorat: Marco Michalzik, Marburg
Verwendete Schrift: Mr Dodo, Minion
Gesamtherstellung: Finidr, s.r.o., Český Těšín
Printed in Czech Republic
ISBN 978-3-7615-7010-4 Print
ISBN 978-3-7615-7011-1 E-Book

www.neukirchener-verlage.de